LIVROS QUE
CONSTROEM

CB013345

BIBLIOTECA "ÊXITO" – 39

Volumes publicados:

1. *Do Fracasso ao Sucesso na Arte de Vender* — Frank Bettger
2. *As Cinco Grandes Regras do Bom Vendedor* — Percy Whiting
3. *Vença Pelo Poder Emocional* — Eugene J. Benge
4. *Do Fracasso ao Sucesso na Arte de Viver* — Harold Sherman
5. *A Arte de Vender Para Mulher* — Janet Wolf
6. *TNT – Nossa Força Interior* — Harold Sherman e Claude Bristol

7. *O Segredo da Eficiência Pessoal* — Donald A. Laird
8. *Realize suas Aspirações* — Elmer Wheeler
9. *Dinamize sua Personalidade* — Elmer Wheeler
10. *Vença Pela Força do Pensamento Positivo* — Pierre Vachet
11. *Venda Mais e Melhor* — W. K. Lexis
12. *A Chave do Sucesso* — W. G. Damroth
13. *Os Sete Segredos que Vendem* — E. J. Hegarth
14. *O Poder da Psicologia Positiva* — Napoleon Hill
15. *Psicologia Aplicada na Arte de Vender* — Donald A. Laird e Eleanor C. Laird

16. *Grandes Problemas e Grandes Soluções do Vendedor Moderno* — Percy H. Whting
17. *Ajuda-te Pela Cibernética Mental* — U. S. Andersen
18. *Super TNT – Liberte Suas Forças Interiores* — Harold Sherman
19. *O Poder da Comunicação* — J. V. Cerney
20. *O Poder da Cibernética Mental* — Eugene Nichols
21. *Leis Dinâmicas da Prosperidade* — Catherine Ponder
22. *Leitura Dinâmica em Sete Dias* — Willian S. Schaill
23. *A Psicologia da Comunicação* — Jesse S. Nirenberg
24. *Criatividade Profissional* — Eugene Von Fange
25. *O Poder Criador da Mente* — Alex F. Osborn
26. *Arte e Ciência da Criatividade* — George F. Kneller
27. *Use o Poder de Sua Mente* — David J. Schwartz
28. *Para Enriquecer Pense como um Milionário* — Howard E. Hill
29. *Desperte Sua Força Mental* — Alex F. Osborn
30. *Criatividade – Progresso e Potencial* — Calvin W. Taylor
31. *Criatividade – Medidas, Testes e Avaliação* — E. Paul Torrance
32. *Psicologia, Técnica e Prática de Vendas* — Constantino Grecco
33. *Vença Pela Fé* — Gordon Powell
34. *Idéias Para Vencer* — Myron S. Allen
35. *A Força do Poder Interior* — J. J. McMahon
36. *O Líder – 500 Conceitos de Liderança* — Ilie Gilbert
37. *Gerência de Lojas* — Constantino Grecco
38. *O Líder – Volume II "Outros Quinhentos" Conceitos de Liderança* — Ilie Gilbert

Viver Agora

**Dados de Catalogação na Publicação (CIP) Internacional
(Câmara Brasileira do Livro, SP, Brasil)**

G576v

Goldsmith, Joel S., 1892-1964.
Viver agora / Joel S. Goldsmith ; tradução de
Aydano Arruda ; revisto por Lorraine Sinkler. --
São Paulo : IBRASA, 1987.
(Biblioteca exito ; 39)

1 Misticismo 2. Pensamento novo I. Título.

CDD-289.9
-248.22

86-1801

Índices para catálago sistemático:

1. Misticismo : Cristianismo 248.22
2. Pensamento novo : Denominações cristãs 289.9

Viver Agora

JOEL S. GOLDSMITH

Revisto por Lorraine Sinkler

Tradução de Aydano Arruda

IBRASA
INSTITUIÇÃO BRASILEIRA DE DIFUSÃO CULTURAL LTDA.
SÃO PAULO

Título do original norte-americano:

Living Now

Copyright © 1965 by
The Citadel Press — Secaucus — NJ

Produção editorial e gráfica de *Sônia Maria de Amorim*
Capa de
CARLOS CEZAR

Direitos exclusivos para a língua portuguesa:

IBRASA
INSTITUIÇÃO BRASILEIRA DE DIFUSÃO CULTURAL LTDA.
Rua 13 de Maio, 446 - Tel.: 3284-8382
01327-000 - Bela Vista - São Paulo - SP

2009

Impresso no Brasil
Printed in Brazil

Se o Senhor não constrói a casa,
em vão labutam seus construtores.

SALMO 127

A iluminação dispersa todos os laços materiais e une os homens com cadeias douradas de entendimento espiritual; ela só reconhece a liderança de Cristo; desconhece qualquer ritual além do Amor divino, impessoal e universal; não tem outro culto que não a Chama interior que fulgura eternamente no santuário do Espírito. Essa união é o estado livre de fraternidade espiritual. A única limitação é a disciplina da Alma; conhecemos, portanto, a liberdade sem licenciosidade; somos um universo sem limites físicos, um serviço a Deus sem cerimônia ou credo. A caminhada iluminada sem medo — pela Graça.

O Caminho Infinito

SUMÁRIO

1
Viver Agora   13
Todo dia é um dia de decisão — Agora é o poder e o domínio — Nossa consciência de hoje molda nosso amanhã — A inextricabilidade do Deus e do homem — A consciência sou eu — Deus como consciência individual — Semear e colher diariamente — Viver o amor é viver a vida de Deus — Detrás do púlpito

2
Barreiras ao Desenvolvimento Espiritual   26
Os frutos da unicidade consciente com Deus — Ser Sincero — Pare de buscar formas de Deus — A continuidade da vida não depende de processos — A unicidade consciente com Deus traz a plenitude — Deixar a Inteligência divina operar nas relações humanas — A percepção da presença de Deus, o essencial — Perdendo o medo dos efeitos — Perdendo o sentido material do corpo — Libertando-se do desejo — Detrás do púlpito

3
Quando o Espírito do Senhor Está Sobre Nós   40
O caminho de volta à casa do Pai — Praticar, praticar, praticar — Tornar-se universal através da Unicidade com a Fonte — Revelando experiências espirituais — Vivendo através do Espírito — A receptividade se desenvolve por meio da meditação contemplativa — Uma técnica para transcender a mente — O discernimento espiritual traz a cura — Quão grande é o caminho interior? — Detrás do púlpito

4
O Poder da Ressurreição   55
Conquistando a libertação do medo — A vida é a realidade eterna — Atingindo a consciência incondicionada — A ressurreição aqui e agora — O amor é o poder da ressurreição — Aprendendo a liberar a dádiva de Deus — Todo o poder está dentro de nós — Detrás do púlpito

5
O Domínio da Graça Divina 72
Reconheça Deus em todo mundo — A natureza universal e impessoal do mal — "Nadificando" o problema — Não existe nenhuma lei da doença — Um poder — Remova o malfeito impessoalizando o erro — A imortalidade e a eternidade da vida — Detrás do púlpito

6
A Mente Imbuída da Verdade 87
A mente como transparência — Alimentando a mente — Os frutos de uma mente imbuída da verdade — A mente é a substância do corpo — Descondicionando a mente — Detrás do púlpito

7
Vivendo a Filiação Divina 102
Deus constitui o Ser individual — Não separe seu corpo de Deus — Negócios sob a jurisdição de Deus — Submissão — A vida está no Espírito — O novo nascimento — Detrás do púlpito — Notas do Havaí

8
Além das Palavras e dos Pensamentos 118
Deixe que a natureza de Deus se revele em meditação — A oração eficaz depende do entendimento da natureza de Deus — A doença não é mandada por Deus — A significação de fé — Detrás do púlpito

9
A Natureza da Consciência 133
A consciência conhece todas as suas necessidades — Seu destino espiritual — Deus é consciência individual — Perdão e amor como atividades de consciência — Os frutos de uma consciência em paz — A dignidade do indivíduo — Detrás do púlpito — Notas do Havaí

10
Uma Idéia Cujo Tempo Chegou 149
Uma idéia na consciência deve manifestar-se — Instrumentos de Deus — O ideal de liberdade do Caminho Infinito — Liberdade foi perdida na consciência — Estabeleça verdade na consciência vivendo a vida contemplativa — Viver como hóspede da vida — Só uma mudança de consciência pode criar condições melhores — Detrás do púlpito

11
Transcendendo a Lei Cármica 167

A lei cármica opera na consciência humana — Nova luz sobre a lei cármica — Como sair da lei para a Graça — Eliminando o sentimento pessoal de "Eu" — Meditações de ação de graças — Detrás do púlpito — Notas do Havaí

12
A Revelação da Filiação Espiritual 184

A humanidade está no limiar de uma era espiritual — Um novo conceito de oração — A Imaculada Conceição — O Natal revela ser imortal e indestrutível — Individualidade humana "morre" para que Cristo possa nascer — A interpretação espiritual da ação de dar — Paz na Terra — Mensagem de Natal — Detrás do púlpito — Notas do Havaí

1

Viver Agora

Acima de todas as coisas, a mensagem do Caminho Infinito dá ênfase à dignidade e à infinitude da natureza do homem individual, revelando que temos sempre o controle de nosso destino, em virtude de nossa unicidade para com a nossa Fonte. Aceitar este *status* espiritual significa também aceitar a responsabilidade de deixar o Espíri-

---

Nota da edição americana: O material de *Viver agora* apareceu inicialmente em 1963 na forma de cartas enviadas a estudantes do Caminho Infinito através do mundo, na esperança de que elas ajudariam na revelação e desenvolvimento da Consciência transcendental através de um profundo entendimento da Escritura e da prática de meditação.

As partes em itálico são meditações espontâneas que vieram ao autor durante períodos de consciência elevada e não pretendem ser de qualquer forma usadas como afirmações, negações ou fórmulas. Elas foram incluídas neste livro de tempos em tempos para servir como exemplos da livre expressão do Espírito. Ao mesmo tempo em que o leitor pratica a Presença, ele, também, em seus momentos de elevação, receberá sempre novas e agradáveis inspirações como a expansão do Espírito.

to divino viver nossa vida e não permitir que ela seja vivenciada para nós pelas crenças universais deste mundo — econômicas, técnicas ou teológicas — mas, ao contrário, viver uma vida regida pela verdade.

A tese lançada pelo Mestre foi: "Conhecereis a verdade, e a verdade vos libertará"[1]; e, desde que aceitemos ser guiados por Cristo Jesus, que traçou o Caminho para nós, a verdade que devemos saber é a verdade que ele nos deu:

> "Eu e o Pai somos um[2] ... *Filho, estás sempre comigo, e tudo o que tenho é teu*[3]... *Eu sou o caminho*" — *não as condições exteriores e nem as pessoas de fora. "Eu sou o caminho, a verdade e a vida*[4]... *Eu vim para que tenham vida, e para que tenham maior abundância*"[5] — *com saúde, com alegria, liberdade e inteligência. "Jamais vos deixarei, nem vos abandonarei.*[6]
> ... *E eis que estou convosco todos os dias, até o fim do mundo.*"[7]

A verdade que devemos saber é que, desde o começo dos tempos, Deus plantou entre nós aquele que deverá ser nosso salvador, nossa força e nosso domínio, domínio sobre todas as coisas na terra e acima da terra e abaixo dela. Embora tenhamos deixado que esse domínio nos escapasse gradualmente, pelo conhecimento da verdade podemos recapturá-lo e tornar a viver livremente, compartilhando aquela vida de abundância e alegria com todos os que sejam a ela receptivos e que lhe correspondam.

Todo dia é um dia de decisão

É costume, logo nos primeiros dias do Ano Novo, as pessoas saudarem-se mutuamente com votos de "Feliz Ano Novo", mas, no pró-

---

[1] João, 8, 32.
[2] João, 10, 30.
[3] Lucas, 15, 31.
[4] João, 14, 6.
[5] João, 10, 10.
[6] Hebreus, 13, 5.
[7] Mateus, 28, 20.

prio ato de dizer e ouvir esse "Feliz Ano Novo", muitas vezes já estamos cientes de que não pode chegar para nós um feliz Ano Novo. Não há nada, na atmosfera, que possa agir sobre nós de forma a nos dar um feliz Ano Novo, e, a menos que o permitamos, nada há na atmosfera que nos possa dar um ano infeliz.

Quem estará interessado que tenhamos um ano feliz ou infeliz? Temos de procurar muito para achar tal pessoa. Não, todo ano será o resultado daquilo que tivermos feito dele, o resultado de algo que pomos em ação neste minuto. Não bastará esperar até meia-noite de hoje; não bastará esperar até amanhã. Devemos dar início, agora, à espécie de ano que pretendemos experimentar; agora, neste momento, por um ato de decisão, e cada qual deve tomar sozinho essa decisão.

Neste momento, devemos optar entre servir a Deus ou ao homem. Pretendemos, neste ano, ser governados por Deus ou pelo homem? Se formos fiéis a Deus, não precisamos ter medo de ser infiéis ao homem, ao nosso governo, ou a qualquer governo que defenda a liberdade, a autonomia individual, a justiça e a integridade do indivíduo. Assim, pois, tomamos o partido do governo sob Deus.

Mas o que quer dizer um governo sob Deus? Antes de mais nada, significa que devemos reconhecer que Deus nos deu Seu Filho único e bem-amado, e a função dessa Presença plantada em meio a nós é ir a nossa frente para "aplainar os lugares curvos."[8] É ir á nossa frente, para nos preparar mansões.

Agora é o poder e o domínio

Ao reconhecer isto, estamos ao mesmo tempo abandonando nossa dependência do "homem, cujo fôlego está nas narinas".[9] Não buscaremos o favor dos "príncipes": compreenderemos que esse filho de Deus em nós aí está para o fim específico de operar em nós a vontade de Deus; e essa vontade de Deus, conforme ficou demonstrado no ministério do Mestre, consiste em que tenhamos vida, saúde e alegria, e que as tenhamos em maior abundância.

---

[8] Isaías, 45, 2.
[9] Isaías, 2, 22.

Se pretendermos ter o domínio, devemos reconhecer que não existem poderes antagônicos ao filho de Deus em nós, pois o poder de Deus é infinito, e, além desse poder espiritual, não existe outro poder. A cada dia de todos os anos defrontar-nos-emos com a tentação de aceitar poderes materiais, mentais e legais; mas, nesse momento, devemos incluir, em nosso reconhecimento, a grande verdade de que Deus é Espírito, de que a lei de Deus é espiritual, e de que, sendo espiritual, é infinita; e, sendo infinita, não existe nenhum poder, em qualquer outra lei que não a lei espiritual, que esteja corporificado em nós.

Este filho de Deus, o *Eu*[10] que sou eu, é nosso alimento, abrigo, proteção, fortaleza, esconderijo e nosso local de permanência, encarnando todo o bem necessário à nossa experiência pelos anos afora. Neste exato momento, possuímos tudo o que há de se desenrolar como nossa experiência durante todos os dias que hão de vir: tudo isso está compreendido e corpoficado em nossa consciência, e dia a dia se desdobrará e aparecerá como necessário em nossa experiência humana. Tudo o que Deus tem agora é nosso.

Nossa consciência do hoje molda nosso amanhã

Cada novo minuto é uma continuação deste minuto presente, e o que colocamos nesse minuto é o que vai ser uma experiência contínua para nós por toda a eternidade. Tudo o que está agora compreendido em nossa consciência continuará a desdobrar-se na eternidade, porque não há tempo futuro. Agora, no presente, está a substância daquilo que se desdobra para nós como tempo, e inclui o que nele estamos colocando neste momento. Aquilo que corporificamos agora em nossa conciência desdobra-se como o minuto seguinte, a próxima hora, o dia seguinte, o ano que vem. A verdade que corporificamos neste momento em nossa consciência será a verdade contínua que se desdobra durante todo o tempo. Aquilo que não corporificamos nem abrangemos em nossa consciência, agora, não pode aparecer amanhã.

"Pois ao que tem, mais lhe será dado; e ao que não tem, até o que tem lhe será tirado."[11] Portanto, devemos assegurar-nos de que ago-

---

[10] A palavra "Eu", em itálico, refere-se a Deus (N. do A.)
[11] Marcos, 4, 25.

ra, neste instante, reivindiquemos para nós tudo o que o Pai tem, e não pela força, não pelo poder, mas pela graça de Deus, como herdeiros, como herdeiros em conjunto de tudo o que Deus possui. Mas, se não o reivindicarmos conscientemente agora, não o teremos amanhã. Teremos, amanhã, apenas aquilo que reclamarmos hoje, agora, neste momento.

Temos a vida de Deus? Então temos a vida imortal, eterna. Temos o Espírito de Deus? Então temos o espírito da liberdade, pois "onde estiver o Espírito do Senhor, aí estará a liberdade".[12] Somente sob a graça de Deus e Sua lei pode o homem ser livre. O que temos neste momento em nossa consciência da Compreensão de Deus continuará a fluir dia a dia, e sempre com maior intensidade à medida que nos renovarmos muitas vezes por dia, voltando-nos para dentro, para a Fonte de nosso bem, e assim libertando o reino de Deus que está dentro de nós.

A inextricabilidade de Deus e do homem

Vejamos agora como podemos tornar isto mais prático em nossa experiência, e por que não existe pessoa ou circunstância que nos possa privar da saúde, de uma boa situação financeira, harmonia, alegria e liberdade. Ascendamos, imediatamente, à compreensão daquilo que nos libertará para sempre. Você pode fazê-lo fazendo a si mesmo duas perguntas: Quem sou eu? O que sou eu? De olhos fechados, e em completo silêncio, diga interiormente a palavra "Eu", seguindo-a de seu nome próprio, seja lá qual for. Depois, ainda de olhos fechados, pergunte a si mesmo: "Eu estou nos meus pés? Estou no meu estômago? Estou no meu cérebro?" Você sabe que não. Você sabe que o seu *Eu* não pode ser encontrado em lugar nenhum entre a cabeça e os pés.

Eu sou Deus criado e, como Deus é Espírito, tenho de ser espiritual. Deus é invisível, e, portanto, Eu devo ser invisível: jamais posso ser visto por alguém. Sou tão invisível, tão espiritual e tão incorpóreo quanto Deus, pois este Eu *que eu sou é a progênie de Deus, feita de vida, substância e ser de Deus.*

---

[12] 1ª Coríntios, 3, 17.

17

É por este motivo que, mesmo quando deixamos de lado nossa forma terrena, o *Eu*, em sua plena identidade, continuará. Sendo um com Deus, o *Eu* é inseparável e indivisível de Deus, e nem mesmo a morte pode nos tirar da vida de Deus ou do amor de Deus, pois nossa vida e a Vida de Deus são uma só.

A vida de Deus e a minha vida são uma, inseparáveis, indivisíveis e incorporadas, não à mercê do "homem, que tem o fôlego nas narinas", não à mercê dos "príncipes", mas uma vida divina vivida sob Deus.

"Eu e meu Pai somos um",[13] incorpóreos e invisíveis. Vivo, e me movo, e tenho meu ser em Deus; vivo e tenho o meu ser no Espírito, na Alma de Deus, no Espírito de Deus. Estou oculto, com Cristo, em Deus; eis a minha força, essa é a minha morada — viver, mover-me e ter o meu ser no Espírito, sob o governo espiritual.

O reconhecimento da vida de Deus como nossa vida nô-la revela como imortal e eterna. Reconhecer Deus como a substância, até mesmo do nosso corpo, torna esse corpo indestrutível, não sujeito à idade ou às mudanças, à doença, ao pecado ou ao medo.

A consciência sou eu

Enquanto, em silêncio, repetimos Eu, junto com o nosso nome, devemos começar a cogitar sobre a natureza deste *Eu* que nós somos, e em breve a única coisa de que conseguimos ter certeza é estarmos num estado de prontidão ou consciência. Por outras palavras, estamos conscientes de viver, de pensar, de nos movimentarmos; estamos conscientes do mundo em que vivemos; e através daquilo que temos lido, ouvido ou estudado, estamos conscientes de outros mundos, outros países, outras nacionalidades e outras línguas. Portanto, nós somos consciência.

A visão é uma das avenidas da consciência. Por sermos consciência, estamos conscientes das coisas ao vê-las. Tornamo-nos igualmen-

---

[13] João, 10, 30.

te conscientes das coisas ouvindo; e ouvir, portanto, é uma extensão ou uma atividade da consciência. É a consciência que é consciente, mas ela fica conscientemente desperta através das atividades ou instrumentos de nossa consciência: visão, audição, gosto, tato e olfato. Estes cinco sentidos, mais a nossa capacidade de pensar, são extensões ou atividades exteriores da consciência que somos.

Não está claro que esse *Eu* que declaramos ser seja realmente consciência? O *Eu* é consciência, ou a consciência constitui o *Eu* que somos. Portanto, o que somos como consciência é que se torna nossa experiência. Se estamos conscientes da verdade de que existe apenas uma Consciência infinita, em virtude da nossa relação de unicidade para com Deus, essa Consciência infinita, Deus, deve ser nossa consciência individual; e isso nos faz tão infinitos quanto Deus, tão imortais e tão eternos quanto Ele.

Deus como consciência individual

Não existe uma Consciência infinita e a sua e a minha consciência, pois de outra forma existiria o Infinito mais isto ou aquilo, o que não pode ser. Portanto, a Consciência infinita que é Deus é a consciência que somos nós. Em virtude de nossa unicidade para com Deus, nós, individualmente, temos acesso à natureza infinita do ser de Deus, à vida eterna e infinita de Deus. Deus é consciência; nós somos essa Consciência individualizada; mas essa Consciência é uma consciência, indivisível, indestrutível, imortal, eterna, e, acima de todas as coisas, onipresente, aqui onde nós estamos, e[14] onipotente.

Por ser Deus a nossa Auto-existência, Deus é a medida de nossa capacidade. O Ser Infinito é a natureza do nosso ser; o Ser infinito é a capacidade do nosso ser; agora, neste momento, devemos reconhecer, aceitar e nos submeter a Ele. À medida que nos lembrarmos disto a cada dia, então este momento particular de nossa vida, que agora estamos fazendo feliz, alegre e próspero, torna-se o momento contí-

---

[14] Na litetatura espiritual de todo o mundo, os conceitos variáveis de Deus são indicados pelo uso de palavras como "Pai", "Mãe", "Alma", "Espírito", "Princípio", "Amor", "Vida". Portanto, neste livro, o autor refere-se a Deus alternadamente na terceira pessoa do singular e adjetivos e pronomes reflexivos correspondentes.

nuo de todos os dias de todos os anos. Isto homem algum pode tirar de nós. Nem nós mesmos seremos capazes de limitá-lo a um dia ou a um ano. Será a alegria e a prosperidade de todos os anos que virão deste lado do véu ou do outro, pois nem a vida nem a morte nos pode separar do amor de Deus, da vida e da consciência de Deus, da percepção que é agora o nosso ser.

Deus é a consciência, e, portanto, só pode haver uma Consciência, e o fato de sermos conscientes é prova de que a Consciência que é Deus é nossa consciência individual.

Nós, portanto, temos acesso a uma sabedoria ilimitada, ao ilimitado poder, domínio e lei. Como Deus é a vida de todo este universo — ninguém ainda descobriu uma forma de vida separada e à parte da Vida universal que é Deus — esta Vida, então, é a nossa vida. Nossa vida e a vida do Pai são uma. A Vida que é Deus é a Vida que é o homem: uma Vida, eterna, imortal, espiritual. Deus é o legislador. Então, só pode haver uma lei, e essa lei é a lei de Deus, e se entrarmos em contato com a lei material, econômica ou legal, é nossa responsabilidade perceber que não existe poder exceto o que emana da lei de Deus: espiritual, harmonioso, abundante e infinito.

Semear e colher diariamente

"Eu" — o Espírito de Deus — "vim para que eles pudessem ter vida, e para que a pudessem ter em abundância."[15] Essa vida abundante é nossa quando vivemos, e nos movemos, e temos nosso ser abrigado com Cristo em Deus, onde não podem penetrar as crenças universais "deste mundo" nem penetrar para corromper ou mentir.

Quando conhecemos a verdade, então a verdade pode operar e nos libertar, e a verdade que temos de conhecer é a de que *Eu*, a presença de Deus, a consciência de Deus, a vida de Deus, vim em meio a nós para que pudéssemos ter vida, e para que a pudéssemos ter mais abundantemente, mais livremente, mais alegremente, e para que a pudéssemos compartilhar com todos aqueles que se encontrem nas trevas espirituais. Essa verdade não é nossa para que a guardemos; não é nossa para que a ocultemos no alto de uma montanha ou em algum

---

[15] João, 10, 10.

20

remoto templo ou *"ashram"*. Podemos nos retirar para um lugar desses durante uma semana ou quarenta dias de contemplação interior, mas depois temos de descer às planícies, à costa, sim, até mesmo ao vale, para compartilhar com as pessoas deste mundo que ainda não estejam iluminadas, e, portanto, que ainda não estejam cientes de seu destino de liberdade sob Deus. Com aqueles que acharmos receptivos e suscetíveis, devemos compartilhar esse grande segredo da unicidade de nosso ser individual, e do deles, com a Fonte eterna e infinita.

> *Façamos jorrar aos borbotões nossas dádivas do Espírito às multidões; mas jamais busquemos multidões. Não subamos e desçamos pelos caminhos e atalhos, ainda que sejam os da nossa família, tentando encontrar alguém a quem impingir essa dádiva; porque, se dissiparmos a dádiva do Espírito no pensamento despreparado, nos sentiremos esvaziados. Esperemos que as multidões venham a nós. Ainda que as multidões consistam de apenas uma pessoa, devemos esperar que essa pessoa venha a nós. Sentemo-nos calmamente, em casa, na loja ou no escritório, com o dedo sobre os lábios, mantendo escondido do mundo o nosso tesouro. Os que forem receptivos responderão à nossa luz interior, e reconhecerão o brilho em nossos olhos, ou o sorriso em nosso rosto. E, quando vierem, um a um, aceitemos a cada um como uma multidão. Eles vêm a nós em busca de pão, o qual lhes damos, e de água fresca e de água quente também. Nós lhes damos aquilo que buscam. Damo-lo delicadamente; damo-lo gradualmente; damo-lo com amor, com alegria, e com o poder da autoridade. Podemos haurir da infinidade de nosso ser, de onde tudo fluirá; palavras de verdade, compaixão, amor, cura, graça, finanças, alimento, água, bebida, proteção, carinho, companhia – tudo isto fluirá do Cristo que vive dentro de nós.* [16] .

"Aquilo que o homem semear, isso também ceifará."[17] Na medida em que agora semearmos para o Espírito, assim colheremos a vida eterna. Se desperdiçarmos nosso tempo semeando para a carne, colheremos corrupção. Mas agora, neste momento, que deve ser o momento contínuo do ano que vem, vamos semear para o Espírito,

---

[16] Da obra do mesmo autor, *The Art of Meditation* (Harper and Brothers, Nova York, 1956), pp. 90-91.

[17] Gálatas, 6, 7.

semear para a verdade, semear para a vida eterna, semear para a liberdade sob a graça de Deus. Então, há de vir a colheita e a partilha.

Recordemo-nos todos os dias da natureza espiritual de nosso ser, e pelo menos uma vez por dia cerremos os olhos e, em silêncio, para nós mesmos, repitamos aquela palavra *Eu*, acompanhada do nosso nome, e façamos a seguir uma pausa para perceber a natureza incorpórea e indestrutível do nosso ser. A natureza incorpórea e invisível do Pai é a natureza incorpórea e invisível do *Eu* que nós somos, e tudo o que o Pai tem é nosso para toda a eternidade. Nem a vida nem a morte nos podem separar da plenitude de Deus.

Viver o amor é viver a vida de Deus

Rezar pelos nossos inimigos, pelos nossos amigos e por nossos parentes é conhecer a verdade. Essa verdade que vimos aprendendo é a verdade universal sobre toda a criação de Deus. Não é a verdade sobre o homem mortal, porque o homem mortal vive em desobediência às leis de Deus. Ela é verdadeira apenas para aquele *Eu*·que vive em unicidade consciente com Deus, e só vivemos nessa unicidade consciente quando vivemos a vida de amor, amar o nosso próximo como a nós mesmos, amar o nosso companheiro, perdoar até mesmo os nossos inimigos e os que nos têm perseguido.

A vida mortal não é a vida de Deus: é destrutível. A vida vivida na crença no bem e no mal não está sob a lei de Deus, e só quando vivemos o perdão, quando vivemos no ato de compartilhar, de dar e receber, só então estamos vivendo a vida de Deus, essa vida incorpórea e espiritual que é indestrutível, a vida que nem mesmo as chamas podem destruir ou as espadas trespassar.

Esta vida que trazemos à lembrança ao perceber o verdadeiro significado do *Eu* emana de Deus, é a vida imortal, e nós a vivemos através do amor, e só através do amor. Quando permitimos que o egoísmo, a mesquinharia, a concupiscência, a animalidade, o ódio, a inveja e o ciúme entrem em nossa consciência, estamos vivendo uma vida separada de Deus, uma vida que não tem apoio de Deus e, portanto, uma vida que deve chegar ao fim.

Podemos rejeitar esse sentido humano de vida renunciando ao sentido pessoal do ego, que se caracteriza por uma falta de amor, uma falta de justiça, uma falta de benevolência; e podemos aceitar o *Eu* que é um com Deus, o *Eu* que é o Espírito de Deus que veio como nosso ser individual para que pudéssemos ter vida, e para que pudéssemos compartilhar desta vida através do amor e do perdão, liberando todos de qualquer obrigação para conosco, rezando pelos outros e conhecendo a verdade.

"A ninguém fiqueis devendo coisa alguma, mas amai-vos uns aos outros: pois aquele que ama ao seu próximo tem cumprido a lei.[18]... Este é o meu mandamento, Que vos ameis uns aos outros assim como eu vos amei."[19]

Amor — eis a herança, eis a natureza do *Eu* que somos nós.

Como "Eu e meu Pai somos um", Nele repousa toda a minha confiança, e no Eu que eu sou, a Consciência de que eu sou, a Consciência que em si mesma abraça o infinito.

Sou consciente através da visão, da audição, do paladar, do tato e do olfato. Sou consciente através do ato de pensar: sou a própria consciência.

Na consciência que sou eu estão compreendidos todo o universo e todos os mundos ainda por vir, pois a consciência que sou eu e a consciência que é Deus são uma e a mesma consciência. Tudo o que o Pai tem é meu; tudo o que Deus é como Consciência, sou eu como consciência, pois eu sou o que SOU.

"Aquele que me viu a mim viu ao Pai."[20] Se pudermos ver o *Eu* do ser individual — Consciência, Ser incorpóreo, espiritual — estaremos vendo Deus, aquele *Eu* que é um com o Pai. Lembremo-nos sempre de que, quando estivermos aberta e declaradamente dizendo "Bom dia", ou desejando a alguém "Feliz Ano Novo", interiormente estamos aduzindo:

Eu, o Pai dentro de você, desejo-lhe um bom dia ou um feliz Ano Novo. Eu, em meio a você, lhe dou Minha paz. O dia de Deus, o Ano Novo de Deus, é o que lhe desejo.

DETRÁS DO PÚLPITO

Todo mundo está, em maior ou menor medida, cercado de amor humano, de carinho, consideração e recursos, mas só quando chega-

---

[18] Romanos, 13. 8.
[19] João, 15. 12.
[20] João, 14, 9.

mos a pensar nisso é que podemos apreciar plenamente o quanto desfrutamos do bem humano. Geralmente não damos grande valor àquilo que recebemos de nossos pais, marido, esposa, filhos e amigos, ou então nos inclinamos a ver com tal ênfase aquilo que nos falta e cuja falta nos incomoda, que não percebemos em toda a sua plenitude as dádivas, os legados e as bênçãos que estamos continuamente recebendo.

Em algum ponto de sua jornada espiritual, o pesquisador espiritual tem sua atenção atraída para isto. É muitas vezes quando fracassam os seus recursos humanos que desabrocha o místico, porque agora ele tem de voltar a atenção para os recursos espirituais, para o próprio Reino interior.

Há os que, sob o peso e a pressão de um período de inclemência, desertam e se perdem pelo menos para esta vida. Outros conseguem atravessar o período de deserção humana e privação material, e aos poucos vão mudando a fase de sua dependência, do plano exterior para o domínio interior da consciência. Estes são aqueles dentro dos quais Algo despertou; estes são os místicos que desabrocham, e que sabem que Ele "tem a terra suspensa sobre o nada",[21] que Ele, O que está dentro deles, é maior do que aquele que está no mundo. Estes são os poucos que, finalmente, chegam a compreender que "Tenho para comer alimento de que vós não sabeis".[22]

Com esta compreensão, a transição do homem terreno para aquele homem que tem seu ser em Cristo começa a se fazer. "O homem físico não aceita as coisas do Espírito de Deus",[23] e, enquanto o homem vive seguro em e contente com suas relações humanas e seus recursos materiais, ele não está "sujeito à lei de Deus, e de fato nem pode estar".[24]

Quando, porém, ele se torna ciente do seu apego e de sua dependência em relação "ao homem, cujo fôlego está em suas narinas",[25] e começa conscientemente a transferir a sua base de confiança para o Nada que constitui a Presença e o Poder espirituais, ele começa a desabrochar espiritualmente, e finalmente deve dar frutos em abundância.

---

[21] Jó, 26, 7.
[22] João, 4, 32.
[23] 1ª Coríntios, 2, 14.
[24] Romanos, 8, 7.
[25] Isaías, 2, 22.

Um místico vive em algo semelhante a uma concha de Nada: ele não sente qualquer dependência em relação a circunstâncias, pessoas ou condições exteriores; não sente medo de forças externas, quer se apresentem como uma pessoa ou condição. Ele vive num sentido de Autoplenitude, apoiado, em primeiro lugar, pela percepção de que "Tenho para comer alimento de que vós não sabeis"[26] e, finalmente, pela noção consciente de que "Eu sou o caminho, a verdade e a vida.[27]... Eu sou a ressurreição."[28]

O místico, tendo atingido a Graça espiritual, acha-se bem dotado tanto material e mentalmente quanto espiritualmente, e, portanto, tem "doze cestos cheios" para dividir com os outros.

---

[26] João, 4, 32.
[27] João, 14, 6.
[28] João, 11, 25.

2

Barreiras ao Desenvolvimento Espiritual

Na qualidade de seres humanos, nós todos queremos ou precisamos de algo, e é o desejo por essa qualquer coisa que bloqueia nosso desenvolvimento espiritual. É o desejo ou a necessidade de algo separado de Deus que faz crescer dentro de nós uma sensação de separação Dele, ou que nos leva a acreditar que poderíamos ficar satisfeitos com algo que não fosse a presença e o poder de Deus.

O próprio desejo por algo bom, algo tão bom quanto servir, é uma barreira ao desenvolvimento espiritual, pois não temos o direito de querer algo, nem mesmo de querer fazer o bem. Temos apenas um direito: o de querer conhecer a Deus. Então, se Deus nos coloca em alguma forma de serviço — ensinar, curar, cuidar de crianças, pintar, escrever peças ou livros, ou seja lá o que for — façamos nosso trabalho com alegria e contentamento, porque estamos nos permitindo ser transparências através das quais Deus pode brilhar. Mas, o nosso desejo de fazer qualquer destas coisas implicaria glorificar-nos, e isso é errado.

É difícil viver a vida espiritual porque, no contexto humano, estamos continuamente desejando alguma coisa — ser algo, fazer algo, beneficiar ou exaltar alguém — e essa é a barreira ao desenvolvimento espiritual. A dissolução da barreira vem com o abandono de nossos desejos, anseios, necessidades, ou, em linhas gerais, de tal forma que possamos ir a Deus puros, não pedindo coisas, companhia, ou para ser úteis, mas pedindo apenas que se possa estabelecer em nós a graça de Deus, que Deus nos envolva e nos penetre, que possamos vir a conhecê-Lo corretamente, perceber nossa unicidade para com Ele, e dessa forma nos tornarmos cônscios de que somos um com o Princípio criativo de nosso ser. Eis tudo. Daí, então, não temos mais necessidades, não temos mais anseios, não temos mais desejos.

Os frutos da unicidade consciente com Deus

Viver em união consciente com Deus nos dá tudo o que é necessário para cumprir nossa experiência enquanto não esquematizarmos qual deva ser essa experiência ou desejarmos que ela se desenvolva de determinada forma. Essa união com Deus, agindo através de nós, nos força a uma atividade específica que será do maior préstimo a outros e nos traz a maior satisfação.

Nossa unicidade consciente com Deus constitui nossa unicidade com cada idéia espiritual e com cada forma de vida.[1] Por trás de cada forma da natureza, existe vida espiritual, e, quando somos conscientemente um com Deus, somos consciente e instantaneamente um com a vida de cada planta e animal, não com sua vida física, mas com sua vida espiritual. Enquanto eles forem parte de nossa consciência, partilharão de nossa consciência, e nossa consciência da verdade será sua vida ressurreta e renovada.

Nossa consciência de Deus torna-se a consciência de nossos alunos e pacientes. Enquanto eles permanecerem em nossa consciência, partilharão de nossa compreensão; estarão comendo do pão, da carne e do vinho e da água que é nossa consciência da verdade consumada, e nossa consciência de nossa unicidade com Deus torna-se para eles uma lei de harmonia.

---

[1] Para uma exposição mais ampla deste assunto, veja-se, do autor, *Conscious Union With God,* Julian Press, Nova York, 1962.

Ser sincero

Milhares de estudantes em todo o mundo que mantêm contato com a consciência do Caminho Infinito, quer através da *Carta* mensal, lendo os livros, ouvindo as fitas ou assistindo às reuniões do Caminho Infinito onde há consciência exaltada, descobrem que passam anos e anos quase sem nenhuma doença ou discórdia. Durante longos períodos, eles têm poucos problemas de natureza séria, e aqueles que chegam a manifestar-se acabam por dissipar-se mais prontamente.

Isto nem sempre acontece no primeiro, segundo ou terceiro ano de estudo, porque os alunos iniciantes ainda não aprenderam como fazer contato com a Consciência superior, e encontram-se ainda absorvidos em viver suas próprias vidas. Eles ainda não se aceitaram como parte da consciência do Caminho Infinito, e estão, por conseguinte, vivendo parte de sua vida seguindo o Caminho Infinito e parte dela com alguma outra forma de metafísica ou por vezes com seis formas diferentes. Tais alunos não abraçam plena e incondicionalmente os princípios de nenhum ensinamento em particular, e, em consequência, a consciência deles não se une a nada.

A partir do momento em que um aluno percebe que O Caminho Infinito é o seu modo de vida e o uniu a si mesmo, ele começa a descobrir que a própria consciência do Caminho Infinito mantém para ele sua liberdade. "E eu, se for erguido da terra, levarei a mim toda espécie de homens." [2] Eu, se for erguido á consciência de Deus, erguerei aqueles que vêm a mim em busca desse mesmo estado de consciência, e eles compartilharão de seus frutos.

O Mestre colocou uma condição para o gozo continuado desses frutos, ao dizer: "Eis que ficaste curado. Não peques mais, para que não te aconteça algo pior". [3] Por outras palavras, não devemos retroceder ao estado de consciência no qual nos encontrávamos anteriormente, porque dele só pode advir a mesma espécie de frutos. Agora, que fomos alçados a uma consciência superior, devemos nos assegurar de continuar a nos pautar por essa consciência. Antes que soubéssemos a verdade, podíamos fazer muitas coisas que nos acarretassem punição, porque não havíamos tocado a consciência superior, mais rarefeita.

---

[2] João, 12, 32.
[3] João, 5, 14.

Mas agora não nos podemos permitir faltar com a verdade para com o nosso sentido mais elevado de integridade ou violar a lei espiritual menos importante — nem mesmo aceitar falsas aparências — sem pagar por isso. Na medida em que recusarmos desse alto sentido, o mínimo que seja, sofremos por isso. Isto porque nos tornamos tão sensíveis e tão sintonizados em relação ao Espírito que atos ou pensamentos rudes ou maus reagem muito rapidamente em nós.

Pare de buscar formas de Deus

Semear para a carne tem um sentido mais profundo do que o sentido usual que o mundo lhe atribuiu. Se, de alguma forma, depositarmos nossa fé mais na forma do que na essência ou substância da forma, nessa mesma medida estamos também fadados a colher apenas frutos materiais, ou seja, corrupção.

Independentemente do que consigamos ou possuamos no plano humano — seja lá uma fortuna, um casamento, um corpo fisicamente saudável — isto está sujeito à deterioração e à morte; na verdade, essas coisas começam a morrer no momento em que nascem. Tudo o que se adquire no plano meramente humano possui apenas a substância de si mesmo e está cerceado por suas próprias limitações. No entanto, se através de nossa unicidade consciente com Deus algum bem advier á nossa experiência — dinheiro, lar, casamento, companhia, emprego ou a possibilidade de servir — será uma relação até-que-a-morte-nos-separe, uma relação eterna. Nunca podemos ser separados de qualquer bem que nos venha através da unicidade consciente para com Deus.

Se formos capazes de passar pela privação de qualquer natureza sem procurar exibir pessoas, coisas ou condições, mas buscando apenas demonstrar união consciente com Deus, a substância de toda a forma, e depois o suprimento do que nos esteja faltando, se nos estenderá.

Alguns alunos que passam pela experiência duma sensação temporária de privação econômica são incapazes de continuar a confiar totalmente no Espírito, quando sua situação se torna crítica, e recorrem então à manipulação e aos conluios humanos, perdendo dessa forma toda a sua demonstração de vida espiritual. Outros alunos, aos quais advém a abundância espiritual muito depressa, depois de eles terem adentrado a senda espiritual, ficam tão fascinados com o dinheiro acumulado, ou com as coisas que o dinheiro pode comprar, que perdem, eles também, sua demonstração. Não é o dinheiro que faz ou perde a demonstração, nem tampouco a falta de dinheiro. Nada, em sua forma exterior, é fator determinante: o que conta é a união consciente com Deus.

Muitas pessoas chegaram às portas da morte sem terem encontrado Deus, e só então conseguiram encontrá-lo, não antes. Por quê? Este tentava encontrar a saúde, e, enquanto alguém procura a saúde, não encontra Deus. Deve abandonar a busca às formas e perceber que a saúde não tem importância alguma, e que, se tiver hoje toda a saúde do mundo, ela pode transformar-se amanhã em doença.

Naturalmente, que diferença faz o quão saudáveis, jovens, bonitos ou elegantes sejamos, já que a passagem do tempo inevitavelmente mudará isso até que o quadro esteja totalmente alterado? De que adianta, então, orgulhar-se da juventude, da saúde ou da opulência? São coisas efêmeras.

Mas, se fizermos de Deus a nossa meta, percebendo que nada nos vai satisfazer exceto a união consciente com Deus, nunca haverá coisas como idade, privação, solidão ou vazio em nossa experiência. Na presença de Deus está a consecução da vida, e não existe outra maneira de chegar à plenitude. Na presença de Deus, existe alegria; libertação de todas as formas de privação.

A continuidade da vida não depende de processos

Outro passo à frente em nosso desenvolvimento espiritual advém quando chegamos ao ponto de não pedir que a vida se cumpra deste lado do túmulo, porque então já não desejamos este ou aquele lado, mas apenas a plenitude, a consecução. Se o Espírito de Deus habita em nós, temos a capacidade de nos livrar de nossos desejos, até mesmo do desejo pela vida humana, já que percebemos isto: "Que diferença pode fazer se eu olhar a vida deste lado ou daquele? No que diz respeito a Deus, que importa de qual lado da fronteira se viva a vida? A vida é eterna: não pode ser de outro modo. Ela prossegue sem parar e se cumpre sem cessar".

Não busco nada — nada. Basta-me a percepção de minha unicidade consciente com Deus. Em minha unicidade com Deus, sou um com toda a vida espiritual em toda parte: deste lado do túmulo, do outro lado, e daquele lado da vida que ainda não se manifestou neste mundo.

Todo o espaço está cheio de vida de Deus, todo o espaço e todo o tempo — passado, presente e futuro — e nós somos um com essa vida, até mesmo um com a vida ainda não nascida. A vida existe antes do nascimento, e existe durante e após o nascimento, e existe vida após a morte porque Deus é a vida e Deus é a única vida.

Não existe poder que possa impedir que a vida de Deus se manifeste. A vida de Deus vive para se expressar. Podemos, no entanto, retê-la, pela crença de que ela depende de órgãos ou funções físicas. Mas a vida de Deus é Espírito, e esse não tem necessidade de recursos materiais para mantê-lo. Portanto, a vida de Deus pode se expressar como bem lhe aprouver, e o faz. Mas cabe a nós remover as barreiras que pudessem alegar que ela depende de um processo, de um órgão ou de uma função. A vida depende da graça de Deus, e só da Graça de Deus. Quando a graça de Deus quer que a vida apareça, ela aparece.

A unicidade consciente com Deus traz a plenitude

Ser conscientemente um com Deus é ser conscientemente um com a vida espiritual de todo o ser e de toda a forma; portanto, tudo o que for necessário para a nossa plena realização virá à nossa experiência. Se forem pacientes para serem curados, ou alunos a serem ensinados, eles nos encontrarão; se forem quadros a serem pintados, ou livros a serem escritos, se forem um casamento, uma família ou negócios, tudo isto se manifestará. Nada pode impedir que Deus Se realize, uma vez que tenhamos feito contato com Ele. Se não fizermos contato com Deus, Ele ainda estará se realizando, mas não em nossa experiência.

A vida harmoniosa e bem-sucedida depende apenas de uma demonstração: da demonstração da unicidade consciente para com Deus. Se uma pessoa vem a nós com um problema, e se conseguimos nos tornar conscientemente um com Deus, essa unicidade com Deus se manifestará, na vida da pessoa, como a experiência de que ela necessita, ainda que possamos não saber do que ela precisa, e ela mesma possa não saber o que é. Tudo o que a pessoa sabe é que lhe falta algo, mas nós não sabemos, nem podemos saber, de que maneira a realização se manifestará em determinada situação.

No Caminho Infinito, não faz diferença qual a natureza do problema. Uma pessoa pode ter febre, outra calafrios; esta, um aumento, aquela uma falta de substância. Tudo o que temos a fazer, para ajudá-las, é nos tornarmos conscientemente um com Deus, e seja lá qual for a natureza da necessidade dela essa necessidade será atendida. Se a realização tiver de fazer-se na forma de mais carne, far-se-á; se tiver de demostrar-se em mais companhia ou menos companhia, far-se-á.

Deixar a Inteligência divina operar nas relações humanas

Seja qual for a forma de necessidade, a Inteligência divina cuida do assunto todo sem nossa intercessão ou a nossa crença. Isto vem salientar o fato de que um praticante nunca deve dar conselhos humanos, quando chamado a ajudar. Por exemplo, em assuntos conjugais, ele jamais deveria aconselhar a separação, o divórcio ou a manutenção do casamento. Ele não deve opinar, absolutamente: deve fazer contato consciente com Deus, e deixar que Deus faça, da vida daquele casal, o que quiser. Se for melhor, para a vida de ambos, que ela se cumpra em conjunto, todos os obstáculos a essa união serão removidos. Se, por outro lado, for necessário que eles se separem para encontrar a realização individual, esse Espírito conscientemente percebido fará ocorrer a separação, rapidamente e sem dor, sem perda para nenhum dos cônjuges. Se o praticante entrar num caso desses com a noção preconcebida de qual deva ser a demonstração, estará operando ao nível de um conselheiro conjugal, ou de um aconselhador psicológico, e isso não é cura espiritual.

A função de um praticante não é determinar se a pessoa deve casar-se, ficar solteira ou divorciar-se, se ela deveria morar nesta ou naquela cidade, neste ou naquele país. A função do médico espiritual é ir a Deus, estabelecer união consciente com Deus, e deixar então que a presença de Deus faça o que Ela quiser.

A percepção da presença de Deus, o essencial

O princípio de manter a unicidade consciente com Deus é eficaz em todas as atividades da vida. Quando estou fazendo uma palestra ou conduzindo uma aula, nunca vou a Deus para pedir uma mensagem. Quando medito, faço-o para perceber a presença de Deus, e, quando consigo isso, a presença de Deus me dá a mensagem. Se eu tivesse de me dirigir a Deus para obter dele uma mensagem, eu o estaria fazendo tendo em vista um efeito, ou uma forma, e perderia a essência. Na medida em que não busco uma mensagem, mas desejo apenas a presença de Deus, é a presença de Deus que falará e dará a mensagem que deve fluir através de mim.

Muito do que está em meus livros, eu mesmo não o sabia até que fluiu sozinho, e fui ensinado ao mesmo tempo que os alunos. Não tenho nenhuma maneira de obter conhecimento, exceto na medida em que ele me vem por inspiração. Assim, a partir da experiência, aprendi a não querer mensagens, a não querer pacientes, a não querer alunos.

Só uma coisa quero e dela necessito: o sentimento e a consciência da presença de Deus, a consciência de minha unicidade para com Deus. Deixem-me sentir que Deus está vivendo minha vida, e confiarei em mim mesmo para sair pelo mundo sem bolsa e sem documento, ou irei dar qualquer aula sem uma mensagem. Deixem-me apenas sentir que Deus está segurando a minha mão, que a presença de Deus está comigo, e, tal como Daniel, não temerei nem os leões — mas quereria ter certeza de ter Deus ali ao meu lado, caso contrário ficaria profundamente amedrontado por um gatinho inofensivo.

Se estabelecermos nosso contato consciente com Deus, nossa vida se realizará plenamente de acordo com o plano de Deus, não de acordo com o nosso esboço do que ela devesse ser, e o plano de Deus geralmente se revela muito melhor do que qualquer coisa que pudéssemos ter planejado.

Não existe essa coisa de poder pessoal, e aqueles que acreditam que exista acabam, mais cedo ou mais tarde, encontrando um poder maior do que eles próprios, e são, por vezes, vencidos por ele. Até o apoiar-se em Deus para alguma coisa pode ser perigoso, porque, muitas e muitas vezes, não é em Deus que nos estamos apoiando, mas sim na idéia da nossa cabeça, uma crença, um conceito de Deus, e não podemos nos dar o luxo de apoiar-nos nisso. A única coisa em que podemos apoiar-nos é no Nada: nada sabemos, nada podemos ver, ouvir, sentir, tocar ou cheirar. Nisso podemos nos apoiar. E na verdade não teremos de nos apoiar: estaremos descansando no Existir de Deus.

"Pois meus pensamentos não são teus, nem são teus os meus caminhos[4]... Minha paz, dou-a a ti: não como a dá o mundo, dou-a a ti."[5] Os pensamentos de Deus e a paz de Deus transcendem a compreensão humana, mas só chegam à pessoa que fez a união consciente com Deus. Nessa união, todas as coisas aparecem no mundo exterior.

Perdendo o medo dos efeitos

A letra correta da verdade, quando tomada em nossa consciência, quando se pensa sobre ela, se pondera e medita sobre ela, se vive com ela e se a pratica, desenvolve um estado espiritual de consciência. Podemos ver como esta prática se torna consciência realizada, partindo da premissa básica de que não existe poder na forma ou efeito, e trabalhando com ela.

Este princípio poderia ser testado colocando-se dinheiro na nossa frente e ficando-se a olhá-lo, para ver se existe nele qualquer poder. Imediatamente, observamos que o dinheiro permanece onde foi colocado, e ali ficará para todo o sempre — simplesmente, morto. Ele não tem qualquer poder; não pode, por si, sair dali e ir comprar nem sequer uma xícara de café; não é capaz de render juros; não é capaz de se multiplicar. Não é capaz de vir até mim, e não consegue ir até você. No minuto em que se perceber isto, pode-se relaxar e renunciar à luta pelo dinheiro. Pois o dinheiro é algo sem vida; e uma coisa tão inanimada quanto este pedaço de papel ou de metal em frente a nós é digna de que se lute por ela?

O poder não está no dinheiro: o poder está na provisão, no Espírito invisível de Deus, na Inteligência ou no Amor que está dentro de nós. Esse Espírito de Deus manda a nós a forma da oferta. Ele a

---

4 Isaías, 55, 8.
5 João, 14, 27.

manterá, e o Espírito de Deus dentro de nós, com inteligência e amor, fará uso dela. Agora podemos usar o dinheiro como uma ferramenta ou um instrumento, porque a Inteligência que o trouxe a nós é a Inteligência que sabe o que fazer com ele e pode gastá-lo ou investi-lo. Não é pelo dinheiro que vale a pena lùtar: é pela sabedoria espiritual que o traz a nós que vale a pena nos empenharmos.

O dinheiro é um instrumento, ou forma de oferta; é a expressão exterior da oferta, mas não é a oferta. A cada vez que nos chega qualquer pensamento de necessidade por dinheiro, comida, roupa ou teto, devemos nos lembrar: "Isso não é oferta. Isso é a forma da oferta, mas a própria oferta é infinita e onipresente, porque Deus é oferenda. Deus é o infinito, Deus é onipresente, e onde quer que eu esteja, aí está Deus; portanto, tenho a oferta em medida infinita".

Repetir isto, ou lê-lo, não fará com que isto aconteça. Isto só se tornará consciência realizada se ponderarmos a respeito, pensarmos a respeito, se a cada dia continuarmos a lembrar-nos de que temos a oferta, e se a cada dia a idéia de que o dinheiro é poder se tornar cada vez mais morta para nós. Não precisamos nem mesmo de rezar para obter algo. Todo o reino de Deus está estabelecido em nós, e nem mesmo Deus pode retirá-lo ou tomá-lo de nós, porque o infinito é a medida da nossa provisão.

Pouco a pouco, nossa consciência muda: ela vai deixando de confiar no dinheiro para ter uma compreensão da onipresença da oferta, e dessa forma desenvolvemos a consciência espiritual da oferta. Pode levar uma semana, um mês ou um ano para que cheguemos completamente a isso. Não demorará tanto, porém, para darmos os primeiros passos. Dentro de bem pouco tempo, vamos descobrir que estamos perdendo nosso medo da privação. Nosso medo e nosso amor pelo dinheiro estão diminuindo, porque agora começamos a perceber que o dinheiro, de si por si só, é inanimado, morto, apenas uma forma a ser usada. Isso muda a nossa consciência.

Perdendo o sentido material do corpo

Também no campo da saúde, a harmonia depende de nossa demonstração de Deus. Existem pessoas que padecem enfermidades, e, por trás desse sofrimento, está a crença de que a harmonia depende de alguma função ou algum órgão do corpo. Toda a vida humana é construída sobre essa premissa. Se algo acontece ao coração, morremos; se algo ocorre à digestão ou à eliminação, ficamos doentes. Temos de inverter isso. Vida é Deus, e então a vida não depende do coração, do fígado ou dos pulmões. Coração, fígado e pulmões é que dependem da vida. É a vida que faz bater o coração. É a vida que ativa o fígado, a digestão, a eliminação e os músculos. Não é o corpo que impulsiona a vida: é a vida que move o corpo, e nós somos vida.

Enquanto pudermos dizer "eu sou", existimos, temos vida, e essa vida governa o corpo. À medida em que afirmarmos isto, perdemos a consciência materialista do corpo como governante da vida, e atingimos então a consciência espiritual de que a vida governa o corpo.

"O homem não deve viver só de pão."[6] O homem não deve viver pela forma ou efeito, seja ela o pão do padeiro ou a carne do açougueiro, ou a forma à qual chamamos coração, fígado ou pulmões. O homem não deve viver do efeito, mas "de toda palavra que procede da boca de Deus".[7] Quando percebemos que a palavra de Deus é nossa vida, a vida de nosso ser e de nosso corpo, toda a nossa consciência começa a mudar, e paramos de temer os órgãos e funções do corpo. Mediante esta prática, está-se desenvolvendo uma nova consciência.

Libertando-se do desejo

As barreiras ao nosso progresso espiritual são representadas por nossas esperanças, ambições e desejos, mesmo quando bons. Alguns de nós não conseguem libertar-se da procura da saúde, e outros não conseguem libertar-se da busca ao rendimento, à comida, roupas ou companhia. Sempre, uma dessas necessidades ou desejos é a coisa que achamos que tem de ser resolvida em primeiro lugar. Acreditamos que, se pudéssemos nos livrar da dor, e só então, poderíamos ir em busca de Deus; ou que, se pudéssemos demonstrar ser mais bem providos, então poderíamos pensar em Deus. Não, a coisa funciona ao contrário: se pensarmos primeiro em Deus, teremos todas essas outras coisas. "O homem, cujo fôlego está nas narinas"[8] tem sempre

---

[6] Mateus, 4, 4.
[7] Ibid.
[8] Isaías, 2, 22.

de querer coisas, condições ou pessoas, por achar que estas lhe faltam; e, portanto, ele nunca está livre para buscar o reino de Deus e sua virtude.

Podemos desejar que nos seja dado um pensamento com o qual possamos operar a obra da cura, mas isso é um efeito. Podemos querer que nos seja dada uma verdade sobre a posse de bens ou companhia, mas isso, também, é um efeito. Até mesmo desejar bons pensamentos é desejar efeitos. Não desejamos bons pensamentos: desejamos apenas uma coisa: paz, paz, paz.

O desejo é sempre uma barreira ao nosso progresso, e, certamente, uma barreira no caminho da meditação. Quando chegamos a um ponto em que não há nada que desejemos obter da meditação, quando não estivermos nos empenhando na meditação por um propósito qualquer, mas simplesmente devotando-nos a estar em quietude, é fácil chegar à meditação. É só quando levamos para nossa meditação o nosso desejo por alguma coisa, e esse desejo é o desejo de um efeito, que essa quietude e paz interior fogem de nós.

Trabalhar com os princípios que constituem a letra da verdade desenvolve o espírito ou consciência da verdade. Finalmente, estamos vivendo na consciência de Cristo, onde é muito fácil meditar, porque não temos nem ódio, nem medo, nem amor por nada que pertença ao domínio exterior. Até o nosso amor pelos amigos e pela família adquire uma natureza espiritual, o que desencadeia neles uma mudança em relação a nós, de forma que eles passam a não se agarrar a nós como faziam antes, ou depender de nós, ou confiar cegamente em nós.

A conscientização de que Deus é a realização do nosso ser liberta-os e liberta-nos para o amor, porque estamos agora livres para dar e receber sem apego ou ligação. Podemos amar nossas famílias sem acreditar que elas nos devam algo, e sem achar que lhes devamos algo: apenas amá-las. Nossos familiares têm o mesmo Deus que nós temos, e agora estamos unidos nesse laço do amor que pode dar e receber livremente, e nunca achar que, ao dar, privamo-nos de algo, ou que, ao receber, privamos outrem de algo.

Chegar à percepção de nossa unicidade com Deus é a experiência mais libertadora do mundo. Mas chegamos a ela através de muita e muita prática, e atendo-nos a esta verdade até que, a pouco e pouco, toda a nossa consciência muda. Quando isso acontece, e este mundo "morre" para nós, ganhamos todo o mundo: ele é então todo nosso, cada pedacinho. Era apenas o desejo do mundo que o mantinha longe de nós. Agora não há nada a ser alcançado, nada a ser ganho, nada a ser conquistado. Tudo já o foi. O Senhor já é nosso pastor, não porque o tenhamos ganho ou o mereçamos, nem porque façamos jus a isso, não porque vamos fazer qualquer coisa, mas simplesmente porque o Senhor é nosso pastor, e não ficaremos em necessidade.

Adquira a percepção consciente da presença e do poder de Deus dentro do seu próprio ser. Independentemente do nome ou da natureza do problema ou da necessidade, não tente resolvê-lo ao nível do problema. Não tente resolver a necessidade de bens materiais como tal, nem tampouco as relações de família como relações de família. Abandone todo e qualquer pensamento relativo a essas coisas. Penetre em si mesmo até alcançar aquele lugar interior que lhe fornece a resposta divina. Então, o seu problema se solucionará. Uma vez que você tenha tocado o Cristo dentro de você, dentro do seu próprio ser, terá tocado a fonte da vida em maior abundância.

A unicidade consciente com Deus! Esta constitui a unicidade consciente com todo o ser espiritual e com cada idéia espiritual. [9]

DETRÁS DO PÚLPITO

Foi em 1947 que foi publicada a primeira edição de *The Infinite Way*. Hoje, o livro está na sua décima-primeira edição, e tanto ele quanto os outros da série Caminho Infinito têm, desde então, corrido o mundo em edições americanas e inglesas, e ainda algumas em alemão, holandês, francês e japonês. Há quinze anos, eu era o único estudioso do Caminho Infinito no mundo, e vejo agora o que Deus escreveu pelo mundo afora! Só Deus poderia produzir um tal milagre.

Está-se tornando cada vez mais claro para mim que Deus está permeando a consciência humana com Sua presença e Sua graça. Cada um de nós, como estudiosos do Caminho Infinito, é Seu amor e Sua vida em ação: "Quem vive já não sou eu, mas Cristo em mim". [10] Cada um de nós deve perceber que a Verdade está vivendo em nós para Seu propósito.

---

[9] Do autor, *Conscious Union With God,* pp. 252-253.
[10] Gálatas, 2, 20.

"Vós não me escolhestes, mas eu vos escolhi."[11] Nem você nem eu escolhemos este Caminho, mas fomos escolhidos para que a graça de Deus possa tornar-se visível na terra por nosso intermédio. Através de nós, o plano de Deus está sendo revelado, e Sua vontade está sendo feita na terra como no céu.

Assim como Deus sempre escolheu Seus templos, mestres, discípulos, apóstolos e estudiosos, assim também, hoje, Deus escolheu os homens e mulheres dedicados à união consciente com Ele para aparecerem como o templo da Verdade evidenciada em todo o mundo. Aqueles que perseveram na meditação experimentam Sua presença, e, dessa forma, libertam em forma de consciência Sua graça e Sua paz. "Por minha própria iniciativa não posso fazer nem uma só coisa",[12] mas "Para todas as coisas tenho forças em virtude daquele que me confere poder."[13] A menos que sejamos escolhidos por Deus, não podemos cumprir Sua missão, e somos escolhidos ao sentir que Seu Espírito está dentro de nós.

"Mas o homem físico não aceita as coisas do Espírito de Deus"[14] — só as aceitam aqueles em quem habita conscientemente o Seu Espírito. "Pelos seus frutos os reconhecereis",[15] e por esse meio sabemos se o Seu Espírito habita em nós: se levarmos conosco Sua graça e Sua paz por onde quer que caminhemos. Não precisamos abandonar nosso lar ou nossos negócios, mas devemos levar, para dentro deles, Seu conforto, Sua cura e Sua paz.

Que possamos sempre ser reconhecidos pela nossa consciência de que a alegria e a paz que trazemos são Dele. "Se eu sozinho der testemunho de mim, meu testemunho não é verdadeiro";[16] é a vontade do Pai que conforta, cura, abençoa e multiplica. Por Sua graça somos nós a luz para que Sua vontade se possa fazer, e não a vontade do homem ou o pensamento do homem.

Olhando para o mundo, vemos Sua luz brilhando no rosto do homem. Olhando para os acontecimentos do mundo, testemunhamos cada vez mais Sua vontade e Sua graça. Mais uma vez o Caminho Infinito revela o reino de Deus na terra, e a vontade de Deus no homem, e a graça de Deus vem como paz no coração do homem.

Não escolhemos nem fizemos isso, mas o Pai escolheu a hora e o caminho.

---

[11] João, 15, 16.
[12] João, 5, 30.
[13] Filipenses, 4, 13.
[14] 1ª Coríntios, 2, 14.
[15] Mateus, 7, 16.
[16] João, 5, 31.

3

Quando o Espírito do Senhor Está Sobre Nós

A meta de nossa jornada na senda espiritual é realizar a transição do homem terreno, que não se encontra sob a lei de Deus, para o homem que tem seu ser em Cristo, deixando para trás esse egocentrismo que é às vezes bom, às vezes ruim, às vezes doentio e às vezes sadio, às vezes rico e às vezes pobre, e mergulhar em nossa condição divina como filhos de Deus.

De acordo com o Mestre, ou nos tornamos ramos que são um para com a árvore da vida, ou ramos que são cortados da árvore. Se estivermos entre os ramos a serem cortados, secaremos e morreremos; mas, se estivermos ligados ao tronco, então somos um com a árvore toda e tudo o que a constitui, descendo até as raízes e subindo raízes acima. Estamos em uníssono com tudo o que está no solo, com a luz do sol e com a chuva. Tudo o que se infiltra no solo sobe através das raízes, alimenta toda a árvore e então produz frutos.

O caminho de volta à casa do Pai

Todos os problemas com os quais nos defrontamos decorrem duma separação de nossa Fonte, e, enquanto não nos unirmos novamente com essa Fonte, os problemas vão continuar a ressurgir em nossa mente e em nosso corpo. Tanto a mente quanto o corpo têm de ser alimentados. Durante séculos, considerou-se suficiente que o corpo fosse alimentado e mantido com comida, remédios e ar puro; mas, nos últimos cem anos, descobriu-se que temos necessidade de algo mais do que isso, e assim, têm-se feito tentativas no sentido de ensinar as pessoas a locupletar sua mente com pensamentos de natureza positiva, partindo-se da premissa de que o corpo, por seu lado, responderia a essa abordagem construtiva à vida. Mas, se não nos dispusermos a nos alimentar por meio do Espírito, todo o alimento material que pudermos injetar em nossos sistemas não nos alimentará adequadamente, e tampouco todo alimento mental com o qual enchermos a mente nos fornecerá nutrição adequada.

Na qualidade de seres humanos, não temos contato com nossa Alma, ou Fonte, e é só quando começamos a prática da meditação que descobrimos nosso caminho de volta à casa do Pai. A estória do Filho Pródigo, não sendo corretamente entendida, poderia indicar que o caminho de volta à casa do Pai fosse meramente um ato físico, e isso não é verdade. O banquete com os porcos nada mais é do que a vida que vivemos, dia a dia, separados e apartados de Deus, e o retorno à casa do Pai é uma jornada que tem de ser empreendida, não indo-se fisicamente a qualquer lugar, mas por um ato de consciência.

Esse ato de consciência nunca pode ter lugar antes que haja o reconhecimento de que estivemos errando num país distante, numa terra onde imperam o físico e o mental, e de que é necessário empreendermos a jornada de volta à casa do Pai, uma jornada que se cumpre dentro de nós como uma atividade de consciência. Essa atividade de consciência é a meditação.

Praticar, praticar, praticar

Ao meditarmos, embora no começo possa parecer que nada esteja ocorrendo, já desde a primeira vez que nos empenharmos nessa atividade, desenvolvia-se um movimento interior, tão leve a ponto de passar despercebido. Parece-se muito com quando tomamos de aulas de piano e praticamos diligentemente durante meia hora, uma hora, e daí, ao fim desse tempo, ao descobrirmos que ainda não conseguimos tocar piano, achamos que não aconteceu nada. Mesmo no segundo ou no terceiro dia podemos não observar qualquer progresso notável. Se, no entanto, persistirmos por sessenta, noventa ou cento e vinte dias, podemos ver o progresso que fizemos, progresso esse que esteve se processando desde aquele primeiríssimo dia.

Assim é com a meditação. Podemos meditar muitas vezes por dia, e, ao fim de um mês, achar que não fizemos qualquer progresso visível. Mas, se pudéssemos saber o que pode acontecer no fim de um ano, entenderíamos por que foi preciso cada uma daquelas tentativas de meditação para se chegar mesmo a uma pequena medida de unicidade consciente com a Fonte da vida, e tornar-se como ramo duma árvore a ser enxertado na árvore.

Tornar-se universal através da unicidade com a Fonte

Cada bocado de chuva que cai, cada bocado de luz do sol, cada bocado de neve que enriquece o solo, é enviado árvore acima, através das raízes, e assim alimenta o tronco, encontra seu caminho para os galhos através do tronco, e, finalmente, se transforma em botões e flores e frutos. O ramo não tem consciência das muitas fontes que o estão alimentando, e mesmo assim está auferindo benefícios de todas elas.

Podemos não estar cônscios das forças invisíveis que estão contribuindo para nosso bem-estar físico, mental, moral, financeiro e espiritual, ou podemos mesmo não ter consciência das pessoas que, em todo mundo, estão desempenhando um papel desconhecido e não visível no nosso desenvolvimento. Mas, tal como tudo o que sobe pelo tronco da árvore, proveniente de qualquer fonte, ajuda a alimentar cada ramo individualmente, assim também esta unicidade para com Deus, à qual se chega através da meditação, constitui nossa unicidade para com todo ser e idéia espiritual, com toda a atividade espiritual, com toda a substância espiritual e com toda lei espiritual.

Quando tivermos atingido essa unicidade com nossa Fonte, sendo novamente inseridos na árvore através de nossas meditações, teremos nos tornado um com todo mundo em todo este mundo e, por tudo o que sabemos, com influências que podem estar chegando de outros planetas. Nós não sabemos de onde vem o nosso bem. Sabemos apenas que, se em nossa meditação estivermos em unicidade com Deus, estaremos então unidos a todo o universo, e todo o bem desse universo é parte de nossa experiência individual.

Quando somos conscientemente um com Deus, tornamo-nos universais: universais na oportunidade de servir e universais no sentido de ser alimentados e cuidados a partir duma Fonte universal, e não apenas a partir daquilo que podemos ver ou a respeito do qual possamos saber. Assim, cada meditação é uma união com nossa Fonte, a qual, por sua vez, nos une a uma outra.

Quando, em nossas aulas, conferências ou reuniões de grupos de estudos, nos unirmos em meditação com nossa Fonte, devemos lembrar-nos de que só há uma Fonte da qual podem todos haurir nesse encontro, e, portanto, quando somos um com a nossa Fonte, somos um em relação uns aos outros. Isso não quer dizer ser um apenas com os que se encontrem fisicamente presentes. Ao ser conscientemente um com Deus e um com o grupo com o qual estamos reunidos, somos também um com os outros a nível universal, e finalmente todas as pessoas que se encontram no nosso próprio estado de consciência chegam até nós, ou nós a elas. Onde quer que elas possam estar, no tempo e no espaço, nós as encontraremos; e onde quer que possamos estar, no tempo ou no espaço, elas nos encontrarão, e haverá a oportunidade mútua de co-participação espiritual.

Podemos não encontrar pessoalmente todas essas pessoas que pertençam ao nosso estado de consciência, nem vir a conhecer aqueles que se beneficiarem de nossas meditações, porque, quando em nossa meditação chegamos a essa unicidade com nossa Fonte, não sabemos quem possa haver, em qualquer parte do mundo, no nosso nível espiritual, que esteja também sintonizando sua Fonte, tendo dessa forma estabelecido contato com o estado de consciência em que nos encontramos. Muitas vezes, conta-se que alguém foi curado milagrosamente disto ou daquilo. Não houve, aparentemente, motivo para sua cura: simplesmente, aconteceu, e a pessoa jamais pode descobrir por que, nem perceber que, em sua extremidade, voltou-se para dentro de si mesma e tocou a consciência de alguém, que, algures, estava também em contato com o Pai.

Revelando experiências espirituais

Na literatura bíblica e mística, há relatos de inúmeros homens que chegaram ao estado místico de unicidade consciente com Deus. Com a ajuda das Escrituras e com as revelações dos místicos, é possível empenhar-se num programa de vida, estudo, meditação e prática individuais espirituais, até nos descobrirmos experimentando algum tanto de Cristandade. Não é de um momento para outro que entramos na nossa Cristandade, embora tenhamos experiências místicas durante as quais possamos experimentá-las em toda a Sua plenitude. Estas, contudo, são experiências momentâneas, após as quais voltamos novamente à terra e vivemos de apenas um pouquinho de discernimento espiritual, ao passo que, de memória, guardamos toda a lembrança da experiência em sua totalidade.

Na medida em que os estudantes persistem em seu estudo, na meditação e em sua busca de instrução, essas experiências espirituais ocorrem mais freqüentemente, tornam-se de maior duração, e, finalmente, muitos alunos entram numa fase de consciência na qual o Espírito está sobre eles, e eles permanecem mais ou menos continuamente no Espírito, embora nem sempre no mesmo grau. Por outras palavras, nunca estão completamente fora do Espírito, mas, por outro lado, só com pouca freqüência conseguem viver a realização espiritual em toda a sua extensão.

Vivendo através do Espírito

Através da prática da meditação contemplativa, corporificamos a sabedoria das Escrituras. Essa contemplação, ou o pensar sobre a verdade, porém, não é a verdadeira meditação, mas apenas um passo para a plena experiência da meditação. A primeira parte da meditação contemplativa é a contemplação da verdade, e a segunda parte resume-se em prestar atenção à resposta do Pai que está dentro de nós.

O Espírito de Deus já está dentro de nós, e habita em nós, mas não faz qualquer sentido nem nos traz qualquer benefício antes que nos tornemos conscientemente cientes de Sua presença. É exatamente como se tivéssemos herdado um milhão de dólares, mas não tivéssemos conhecimento dessa herança: o dinheiro não teria qualquer utilidade para nós. Nós o temos, nós o possuímos, temos direito a ele, mas ele não nos é de nenhuma valia, porque não sabemos dele. Uma vez que somos informados de que esse milhão de dólares é nosso, aceitamo-lo e usamo-lo, fazendo com ele o que nos aprouver. Assim também é com o Espírito de Deus. O Espírito de Deus habita em nós, mas antes que tenhamos conhecimento disto e antes que tenhamos consciência Dele, Ele não pode fazer frutífera a nossa experiência.

A partir do momento em que temos a primeira experiência consciente de perceber que existe uma Presença dentro de nós, Ela nos guiará à plena revelação da verdade. Se continuarmos a nos voltar para O que está dentro, no silêncio, de uma forma ou de outra Ele começará a dar-se a conhecer; começará a identificar-Se; e, uma vez tocados por Ele, se continuarmos a nos voltar fielmente para Ele, seremos conduzidos à Sua plenitude. "Mas o Confortador, que é o Espírito Santo, que o Pai enviará em meu nome, esse vos ensinará todas as coisas."[1]

Depois que o Espírito de Deus está sobre nós, a vida é bem diferente de viver-se na mortalidade, como um pedaço de barro. Nossa grande preocupação, agora, já não é conosco mesmos, mas sim com que esse Espírito de Deus em nós seja uma bênção para o mundo e para todos os que vierem ao mundo. Só quando o Espírito está em nós é que vivemos verdadeiramente. A vida então é vivida "não por dever, não por poder, mas pelo meu espírito".[2]

Pai, estou contemplando a Vossa graça e a Vossa vontade de forma que o Vosso Espírito possa visitar-me, e de forma que eu possa ser dotado, do Alto, pelo Vosso Espírito — não pela minha sabedoria, não pela minha perseverança, mas pelo Vosso Espírito.

"É o espírito que é vivificante; a carne não é de nenhum proveito. As declarações que vos tenho feito são espírito e são vida."[3] Quando o espírito de Deus habita em nós, é a palavra de Deus que está vivendo em nosso corpo, porque então não se trata do seu corpo ou do meu corpo: é o corpo de Deus. Entregue a si mesmo, esse corpo nada

---

[1] João, 14, 26.
[2] Zacarias, 4, 6.
[3] João, 6, 63.

pode fazer e não pode ir a parte alguma. É o estado de consciência do indivíduo que governa toda a atividade e o funcionamento do corpo.

Do ponto de vista humano, podemos usar o corpo para bons ou maus propósitos, mas, quando o Espírito habita em nós, já não podemos mais usar o corpo para qualquer propósito. Já não é o nosso corpo: é agora o corpo de Deus, e é Deus que determina o que fará o corpo, aonde deverá ir, e de que maneira deverá manter-se. Por outras palavras, a carne que "nada aproveita" está "morta": são "as palavras que eu falo" — Deus fala — "elas são espírito, e elas são vida", elas são a verdade e são poder. Agora, transferimos o controle para o Espírito:

Pai, este corpo é Vosso, assim como eu sou Vosso. Sou o Vosso templo sagrado, porque Vós habitais em mim. Meu corpo é o Vosso templo porque o entreguei ao Vosso uso. Mandai-o aonde desejardes que ele vá; instruí-o para que faça aquilo que Vós desejeis que ele faça.

A receptividade se desenvolve por meio da meditação contemplativa

Toda a função da meditação comtemplativa é levar-nos a um ponto de receptividade em que o Pai nos fale. Na verdade é indiferente se Deus fala em voz audível, ou se apenas recebemos impressões, ou se nos encontramos fazendo instintivamente aquilo que o Espírito nos força a fazer. O Espírito se dá a conhecer de tantas maneiras diferentes que ninguém pode apontar de que maneira Ele vai falar a alguém. Finalmente, a meditação contemplativa nos leva a um ponto de entrega em que nossa alma, mente e corpo pertencem ao Espírito de Deus porque o Espírito de Deus habita em nós.

"O Senhor aperfeiçoará aquilo que me diz respeito."[4] *Não há inquietação nem preocupação com as coisas do mundo exterior, porque o Espírito de Deus, que habita em mim, faz o trabalho que me é dado a fazer. O comando está em Seus ombros.*

---

[4] Salmo 138, 8.

Em nossa contemplação da verdade, chegamos a um lugar aonde não chega nenhuma outra verdade, e parece havermos chegado ao fim de nossa contemplação. Esse é o momento em que entramos na verdadeira meditação. Pensamos tudo o que pudemos pensar sobre Deus; dissemos tudo o que pudemos dizer sobre Deus; repetimos todas as promessas; trouxemos a palavra de Deus a um nível de evocação consciente, e agora é a vez de Deus:

Falai, Senhor; e ouvirei. Falai a mim, Senhor; dai-me a conhecer a Vossa vontade; aclarai para mim o Vosso caminho; aprestai dentro em mim o Vosso Espírito; que Vosso Espírito permaneça em contato com o meu Espírito.

Nessa humildade do Espírito, aprofunda-se o silêncio e achamo-nos em completo estado de receptividade, ouvindo e esperando:

A Vossa vontade se faz em mim. Vosso Espírito faz medrar o meu caminho. Vosso Espírito me alimenta, me veste e me abriga; Vosso Espírito é minha capacidade e minha habilidade.
É o Vosso Espírito que vivifica e dá vida. A carne é morta – é nada. O Espírito dá vida. "Falai, Senhor; pois Vosso servo escuta."[5]

E assim continuamos a descansar no Espírito durante um, dois, três ou quatro minutos, e depois vamos cuidar da nossa vida. Se, a princípio, não obtivermos qualquer resposta, e parecer que nada acontece, isso não nos deve perturbar. Desde o primeiro momento que nos ocuparmos da meditação contemplativa, algo estará acontecendo. É apenas questão de quando esse algo se tornará visível no plano externo.

À medida em que continuamos nessa prática, chega o dia em que o Espírito do Senhor Deus vem sobre nós, e sentimos conscientemente a presença de Deus. Cada qual A sente de maneira diferente, pois não existe essa coisa de uma maneira particular de A identificar. É suficiente sabermos que algo aconteceu; sabemos que agora existe uma Presença conosco, e mesmo que Ela não permaneça, mas retorne dia após dia à nossa meditação contemplativa, entramos em meditação plena e recebemos a palavra de Deus que é nossa vida.

---

[5] 1.º Samuel, 3, 9.

Uma técnica para transcender a mente

É na transcendência da mente e do pensamento, na capacidade de se abster do discurso e de atingir e manter um estado de quietude interior, que se cumpre a experiência. Essa quietude interior é atingida quando somos capazes de olhar para uma pessoa, coisa ou condição sem rotulá-la de boa ou má. Aí não resta à mente nada a que se agarrar ou em que pensar; ela não tem nada com que se preocupar, e nada de que se rejubilar: torna-se simplesmente quieta.

É como olhar objetivamente para uma pintura, sem qualquer idéia preconcebida, tal como se é boa ou má, sem qualquer opinião baseada na reputação do artista ou no fato de gostarmos do tema. Ver uma obra de arte com tal distanciamento crítico capacita-nos a ver a visão do artista: o que estava em sua mente, alma e consciência quando ele realizou a obra. Tanto mais assim deveríamos olhar para a criação espiritual, não através de nossas noções preconcebidas de como deveriam ser os seres humanos, mas através da consciência do divino Criador!

A única maneira pela qual se pode fazer isto é abdicando a todos os rótulos de bem e mal, e, uma vez suspenso por completo o julgamento, achamo-nos na consciência do Criador espiritual e somos capazes de contemplar o universo como Deus o contempla. Agora, entramos na mente de Deus; ou, de modo contrário, quando a mente que julga e rotula se aquieta, a mente de Deus tornou-se a nossa mente ativa. Mas não pode haver a mente de Deus funcionando em nós enquanto nossa mente estiver formando julgamentos de bem e de mal, porque enquanto estivermos vendo as pessoas, as coisas ou condições como boas ou más, estaremos empregando padrões humanos de julgamento, e nenhum padrão de julgamento humano pode jamais ver a natureza real da criação. Se pretendermos visualizar corretamente este mundo, devemos visualizá-lo através dos olhos, ou da consciência de Deus, e isso só é possível uma vez que a mente humana se tenha aquietado e tenha abdicado a seus julgamentos em termos de bem e de mal.

Uma prática deste tipo ajuda-nos a nos abstermos de reagir às aparências externas. Isso é difícil, mas quando se alcança a capacidade de não reagir às aparências — e todos os estudiosos imbuídos de seriedade mais tarde ou mais cedo chegam a isso — advém, fácil e naturalmente, a cura espiritual. Teremos percorrido um longo caminho em nossa jornada espiritual, quando formos capazes de ver a doença, o pecado, o alcoolismo e todas as outras aparências do gênero e não reagir a elas, não tentar curá-las ou alterá-las, mas lembrar-nos conscientemente de não julgar segundo as aparências:

"Quem me designou juiz ou partidor... sobre vós?"[6] *Não, não aceito aparências: aceito a verdade de que o Espírito de Deus está em vós, não importa quem sejais: um prisioneiro na cadeia, um ladrão na rua, um alcoólatra na esquina, ou um moribundo no hospital.*

Não devemos reagir às aparências: devemos lembrar-nos de que, como Deus é onipresença, independente de que aparência vejamos com nossos olhos, é apenas uma aparência, e, por ser apenas uma aparência, nada devemos fazer a seu respeito, a não ser reconhecê-la como tal. Isso é discernimento espiritual; isso é a capacidade de não acreditar no que vêem nossos olhos e de não julgar segundo as aparências.

Toda a obra de cura espiritual baseia-se nesse ponto. Se, ao receber um pedido de socorro, o praticante pretendesse sentar-se e tentar curar alguém, não seria um praticante por muito tempo. O praticante da cura espiritual nada sabe daquilo a que se chama cura. Toda a essência do curador espiritual reside num discernimento interior de que Deus é vida individual, e, portanto, a vida é imortal, eterna e indestrutível — um discernimento espiritual, que consiste em não julgar segundo as aparências.

O discernimento espiritual traz a cura

Se julgarmos pelas aparências, estaremos sempre contemplando o pecado, a doença, a morte, a carência, a limitação, as guerras e as restrições de toda espécie; e seremos por eles limitados, porque estaremos sofrendo de nossa própria crença naquilo que contemplamos. Quando o Espírito do Senhor Deus está sobre nós, porém, é-nos dado discernimento para não julgar segundo as aparências. Aí então,

---

[6] Lucas, 12, 14.

quando formos chamados para qualquer tipo de ajuda, seremos capazes de nos sentar em contemplação e meditação, e perceber:

Pai, é o Vosso Espírito que vivifica; é o Vosso Espírito que revela a verdade bem ali onde está o quadro do erro. Que eu ouça a Vossa palavra.

A parte mais difícil desta senda é chegar-se ao ponto de compreender que não somos curadores nem agências de empregos, mas que nosso trabalho se situa no nível espiritual, esse nível de discernimento no qual, por estar sobre nós o Espírito de Deus, sabemos que o estropiado não pode ser estropiado porque Deus não o fez estropiado, e Deus é o único poder que existe. Sabemos que cego não pode ser cego porque Deus não o fez cego, e não existe outro poder além de Deus. Não pode haver um pecado, nem uma doença, porque Deus não criou o pecado nem a doença, e Deus é o único criador. Isto não o sabemos com a nossa mente.

Não podemos saber estas coisas com nossas mentes; não podemos sequer acreditar nelas. Quando estamos espiritualmente ordenados e o Espírito do Senhor Deus está sobre nós, no entanto, nos é possível perceber que ninguém é um ser humano: todo mundo é divino, todo mundo tem em si a centelha do Divino, todo mundo é o filho de Deus. À luz dessa compreensão, podemos ver através da aparência, e então aqueles que vieram a nós respondem, "Sinto-me melhor: estou melhor". Nosso discernimento espiritual enxergou através da aparência, e o que jamais poderíamos fazer como ser humano, o Espírito de Deus pode fazer por nosso intermédio.

Pode levar meses e anos para que se atinja essa realização do Espírito – não que vá levar anos para que o Espírito venha sobre nós – mas, quando Ele vier a nós, será apenas um Bebê, e teremos de cuidá-lo e alimentá-lo. Teremos então de coabitar secreta e sagradamente com ele até que, pelos Seus frutos, outros comecem a notar que há algo mais do que carne em nós. Que será esse algo mais? O Espírito de Deus que habita em nós.

Quão grande é o caminho interior?

A intensidade do nosso esforço interior determinará a medida, em horas, que haverá em nosso dia para a meditação e o estudo espiritual. Algumas pessoas não conseguem determinar-se a praticar escalas por mais do que uma hora por dia, ao passo que outras se disciplinam a não parar em menos do que sete ou oito horas por dia. Há pessoas, também, que não conseguem impor-se o estudo dos princípios espirituais por mais do que alguns minutos ou uma hora por dia. A mente dessas pessoas busca o relaxamento, e não consegue ater-se a esta disciplina específica. E também há outras que não conseguem mais parar. Tudo depende do esforço interior. Não se trata de condenar ou acusar. Há alguns que não se adaptam à senda espiritual; há outros que têm capacidade de tocar-lhe as bordas, e isso é o mais longe que conseguem ir. E há, então, os que esforçam mais e mais até atingir a meta da comunhão consciente e da união consciente com a Fonte.

Desde a nossa infância, tudo, sejam os chocalhinhos, as bonecas, os automoveizinhos, a televisão, o rádio — tudo é de molde a nos desviar da nossa meta. Tudo nos mantém tão ocupados que não encontramos tempo para nos descobrir, e, por fim, perdemos a capacidade de fazer isto. Inicialmente, a tentativa de encontrar aquela quietude e paz interiores parece separar-nos do resto do mundo. Deixa-nos com uma sensação de solidão, e, de uma forma ou de outra, temos de conseguir sobreviver a esse estágio.

Não é muito diferente do caso de um homem que, na sua determinação de ganhar um milhão de dólares, tem de cortar todas as suas relações normais enquanto se empenha em ganhar esse milhão. Ele acha que, depois de haver ganho os seus milhões, pode voltar ao mundo e voltar a desfrutar dos relacionamentos e companhias de sua vida anterior, mas, a essa altura, alguns de seus vizinhos já ganharam dois milhões, e daí ele não conseguirá parar até haver ganho três.

A menos que nos disponhamos a nos separar do mundo e dedicar alguns períodos à descoberta de nosso Eu, naturalmente não vamos ter sucesso em atingir a meta da união com Deus. Mas, tal qual o homem com seu milhão de dólares, achamos que, depois de atingir essa união e comunhão, não estamos satisfeitos até que a tenhamos provado em toda a plenitude. E assim persiste o empenho para estar-se em comunhão com Deus, até que se atinja a perfeita e completa experiência.

Ao alcançarmos isso, teremos a capacidade de aproveitar o relacionamento com cada ser humano, em toda parte, em nosso nível espiritual. Temos raras e ricas companhias, mas estas geralmente só chegam depois de termos sacrificado as companhias e atividades humanas até atingirmos essa unicidade com a Fonte, descobrindo então nossa unicidade mútua.

Todas as vezes que meditamos, quer sintamos ou não quaisquer resultados diretos dessa prática, estamos nos aproximando cada vez mais de uma verdadeira comunhão com nossa Fonte. Pensemos na meditação não apenas em termos do que ela fará por nossas vidas, mas também dos frutos que ela pode gerar para o mundo. Cada vez que atingimos, ainda que por um segundo, a comunhão com nossa Fonte, estamos produzindo alimento dessa Fonte, não simplesmente alimento que nos alimenta, mas que alimenta o mundo. Ao ser alimentados por esse Espírito do Senhor Deus que está sobre nós, podemos alimentar outros, porque os frutos e o alimento espiritual que daí derivam são demais para qualquer de nós individualmente. Há sempre doze cestos cheios que sobraram para o mundo.

Só de uma maneira podem-se arranjar os problemas do mundo e estabelecer-se a paz — se o mundo estiver espiritualmente alimentado. Comungando com a nossa Fonte, geramos o alimento que alimenta o mundo, e daí o que acontece em nossa comunhão interior torna-se o bem do mundo.

DETRÁS DO PÚLPITO

Enquanto escrevo isto, estamos em janeiro de 1963, e acabo de cancelar a palestra e o seminário programados para 30 de junho, de forma a poder ficar em casa por um período maior de descanso e renovação espiritual. Toda a base de nosso trabalho reside em vivermos de nossa consciência espiritual, mas um ano como o de 1962, de viagens constantes, tendo, ao voltar para casa, de abrir mais ou menos três mil peças de correspondência, das quais umas duas mil exigiam respostas, não deixou muito tempo para o descanso e a renovação essenciais para se viver nessa consciência. Portanto, não vou sair do Havaí até que eu saiba que a mensagem emanada brotará das próprias profundezas da consciência espiritual.

O ano de 1962 viu o mundo às voltas com tremendas dificuldades e convulsões na África do Norte, do Centro e do Sul, no sudeste asiático, em Berlim, e em Cuba, para não se falar dos Estados Unidos. A julgar pelas aparências, o mundo chama a tudo isto de mau, mas digo-lhes que nada disto é mau; pelo contrário, é bom, e estou dizendo a sério: bom.

Por que vocês acham que o Mestre disse, "Vim estabelecer não a paz, mas a espada"?[7] Será que vocês sabem quantos países, na África

---

[7] Mateus, 10, 34.

e na Ásia, conquistaram nos últimos quinze anos a liberdade, e isso a custa de distúrbios, guerras e ameaças de guerra? Nenhuma dessas independências teria advindo sem que primeiro houvesse distúrbios.

Pois, ao adentrar a senda espiritual, não descobrimos que existem também distúrbios no plano físico, mental, e ás vezes até financeiro, porque nossa harmonia se tem baseado, não num fundamento espiritual, mas meramente nas leis e na ordem materiais? Aqueles que adentram a senda espiritual não podem acatar para sempre uma base ou fundamento material de vida, porque, se o fizerem, experimentarão apenas a harmonia física, material ou financeira. E onde fica, então, o progresso espiritual?

Só é possível elevar-se a alturas espirituais através daquilo a que o Evangelho se refere como "morte diuturna", mas muitos estudiosos da senda espiritual têm a idéia de que, ao experimentarem eles alguma sensação temporária de depressão, ou um distúrbio mental, isso é "morte diuturna". Longe disso. Por vezes somos completamente privados de saúde ou de bens, se necessário, para que possamos mudar o nosso fundamento, do sentido material de bem, para a consciência espiritual de harmonia divina.

É por isso, pois, que o Mestre "não veio trazer a paz, mas a espada". Ele veio despertar-nos e levantar-nos, fazer com que deixássemos de viver no maná de ontem de forma a que pudéssemos ascender à realização do bem espiritual, da harmonia espiritual, da liberdade espiritual.

Da turbulência do momento atual virá a independência das nações de amanhã. Naturalmente, tem-se dito que essas nações ainda não estão prontas para a independência, mas elas jamais estarão prontas até que venha a independência. Sempre que chega a liberdade, há um período de adaptação, precedendo e seguindo-se a essa independência, tal como ocorreu com as Colônias Americanas após a Guerra de Independência, antes que o frouxo emaranhado que era a confederação de estados se consolidasse numa nação. Tampouco a Inglaterra estava pronta para a liberdade, ao tempo da Magna Carta, ou mesmo na época em que foi assinada a Carta de Direitos, mas cada luta, cada levante, desde os dias da Magna Carta até e depois da Carta de Direitos, constituiu-se num passo no caminho daquela liberdade que o povo inglês agora desfruta sob a forma de governo parlamentarista.

Ninguém jamais está pronto para algo até que o experiencie, mas o próprio ato de experimentá-lo indica que chegou o momento em que se está pronto. Hoje, o Cristo entrou na consciência humana através das meditações daqueles que prepararam o caminho, e vai subverter, subverter e subverter até que prevaleçam em todo o mundo a harmonia espiritual, a paz espiritual e a prosperidade espiritual.

Se nos dispusermos a julgar a partir das aparências, a revolução americana, as guerras que antecederam e se seguiram à Magna Carta da Inglaterra, a Revolução Francesa e as revoluções sul-americanas foram todas más; mas quem, olhando para o passado, as rotularia assim? É verdade que todas essas guerras e rebeliões teriam sido desnecessárias se — *se, se, se, se,* — simplesmente a humanidade tivesse parado de depender do maná de ontem e se dispusesse a libertar-se da dependência daquilo que considera o seu bem, de modo a que todo o resto da espécie humana pudesse compartilhar disso. Mas a humanidade não age assim: só o homem espiritual possui tais capacidades.

Não haveria necessidade de greves, como as que atormentam os Estados Unidos e outros países, se os homens se dispusessem, voluntariamente, a compartilhar com seus irmãos, só até determinada época, o próprio fato de que o direito de greve, assegurado pelos trabalhadores, deve ser encarado como um instrumento para o bem, ainda que para o nosso sentido humano pareça haver nesse processo tanto de mal.

"Julgai não segundo a aparência, mas segundo um julgamento reto."[8] Disponha-se a descansar e perseverar na verdade de que o Cristo entrou na consciência humana, e causará subversão até que cada um chegue à percepção de sua identidade espiritual e goze os frutos da vida espiritual.

---

[8] João, 7, 24.

4

O Poder da Ressurreição

A História está repleta de relatos de tentativas humanas no sentido de se descobrir um poder que fosse mais forte do que os temores humanos, e com o qual o homem pudesse derrotar os medos que fazem de sua vida um longo pesadelo. Todas as nações tentaram libertar-se do medo juntando tremendas concentrações de armamentos, mas... qual foi o resultado dessa tentativa de superar os medos do mundo pelo uso de mais e mais força? Os medos continuam, e permanecem os inimigos!

Praticamente todos os medos que algum dia já assediaram um indivíduo, assim como os medos que tomam de assalto a vida de seu país, relacionam-se de alguma forma até certo ponto com a palavra "poder": o terrível poder das bombas, o odioso poder dos ditadores, ou o apavorante poder inerente aos ciclos econômicos. Sempre e sempre, existe algum poder a ser temido.

Mas suponhamos, apenas, que pudéssemos retirar o poder das coisas ou pessoas a quem tememos, ou suponhamos que pudéssemos retirar o medo dos poderes aos quais tememos. Suponhamos que,

55

apenas por um momento, pudéssemos renunciar à palavra "poder", ao pensar em nossas relações pessoais, nacionais e internacionais.

Para concretizar isto, vamos reduzir a coisa à nossa própria escala e pensemos no que aconteceria se você e eu resolvêssemos viver num relacionamento tal em que jamais empregássemos a palavra "poder". jamais pensássemos em alguma espécie de poder de que dispuséssemos um sobre o outro, ou em usar qualquer poder para conseguir o que quiséssemos ou dar força à nossa vontade. Num tal relacionamento, eu quereria viver em harmonia com você, e você ia querer viver em harmonia comigo, mas nenhum de nós teria mais acesso a qualquer poder. Por outras palavras, não teríamos como dar força à nossa vontade, aos nossos desejos ou aspirações. Como seria então o nosso relacionamento mútuo, com cada um de nós aspirando à harmonia, à paz, alegria e amizade, e já não sendo capazes de fazer promessas 'ou ameaçar, um ao outro? Retirando de nossa experiência a palavra "poder" e tudo o que ela implica, pareceríamos ter-nos colocado numa posição de absoluto à vontade, sem qualquer preocupação defensiva.

O prosseguimento desta conjetura filosófica não nos leva a um beco-sem-saída, mas, pelo contrário, leva-nos a perceber que os poderes que vimos temendo até aqui não são realmente poderes, pelo menos não de tal ordem que nos pudessem acarretar coisas terríveis ou coisas maravilhosas. Esses poderes não são absolutamente poderes: só funcionam como poderes na consciência que os aceita como poder; e, por esta razão, portanto, qualquer poder que eles pareçam ter é apenas de natureza temporária, e é um sentido temporário de poder que causa todos os nossos medos. A conclusão deste raciocínio é que não existe poder naquilo que tem forma ou efeito: o poder está na consciência que produz a forma ou o efeito.

Conquistando a libertação do medo

Um raciocínio espiritual desta natureza tem por conseqüência elevar o indivíduo acima do domínio do medo. Essa libertação do medo, contudo, não se atinge instantaneamente. Bem poucos de nós podem chegar imediatamente ao ponto de dizer "Não tenho medo da bomba atômica". Temos de começar com coisas que parecem menos poderosas, quem sabe com o tempo ou o clima, com a comida ou os germes, e ir-lhes retirando o poder por meio da compreensão de que, de si e por si mesmas, essas coisas não podem ter poder, porque todo o poder está na consciência que produz a forma, e não na própria forma.

Para chegar a esse estado de consciência, ajuda muito praticarmos, em nossa meditação, efeitos de observação, olhando o tempo, o clima, a comida e os germes, e percebendo que eles, por si sós, não têm poder algum, exceto aquele com o qual os imbuímos. O poder está em nossa consciência. Shakespeare exprimiu isto sucintamente, ao dizer: "Não há nada que seja bom ou mau, mas é sim o pensamento que faz as coisas assim".[1] Por outras palavras, o mal não está na coisa, nem no efeito. Seja lá qual for o mal, ele está em nosso sentido daquilo que observamos, ou no poder com o qual imbuímos um indivíduo, um estado ou uma circunstância.

A maioria de nós já demonstrou isto em alguma medida e já provou que muitos dos assim chamados poderes do mundo foram neutralizados pela nossa consciência espiritual. Já tivemos a experiência — alguns em pequena medida, outros em grande medida — do funcionamento deste princípio em nossa vida, mas até que o incorporemos conscientemente em nosso Eu, em nosso santuário interior, e perseveremos nisso, não conseguimos dar-lhe aplicação prática em nossa experiência cotidiana. É verdade que podemos receber benefícios daqueles que atingiram a consciência do não-poder, mas essa é apenas uma ajuda temporária para nós.

Finalmente, devemos levar este tema à nossa meditação, deixar que o nosso pensamento vagueie por toda a extensão da vida humana, e fazer uma checagem mental das coisas, pessoas ou condições por nós temidas, e começar a silenciar esses temores, retirando a força das coisas, pessoas ou condições, pela percepção do seguinte:

Deus é consciência infinita, a consciência de todo o universo. Foi a partir dessa Consciência, que é Deus, que todo o mundo se tornou manifesto. Deus olhou para o seu Universo e viu que tudo aquilo era bom. Deus, como Consciência, como a Substância de toda a criação espiritual, só poderia criar e tornar manifesto um mundo à Sua própria imagem e semelhança. Portanto, esse universo espiritual está imbuído das qualidades de Deus, e de ne-

---

[1] *Hamlet*, Ato II.

nhuma outra qualidade. Apenas Deus entrou em Seu próprio universo — apenas as qualidades e atividades de Deus — e, portanto, tudo o que existe está em e é de Deus.

Não existe na criação nenhum poder do mal, porque não há poder do mal em Deus. "Nele não há nenhuma escuridão."[2] Nada poderia jamais entrar na consciência de Deus "que repugnasse... ou praticasse a mentira".[3] Deus é puro demais para contemplar a iniquidade. A consciência de Deus é pureza absoluta, vida eterna, a própria imortalidade.

A vida é a realidade eterna

"Pois não me comprazo na morte daquele que morre... portanto, tornai-vos vós mesmo e vivei."[4] Deus não criou a morte ou o que quer que pudesse causá-la. Deus é puro, é um espírito impoluto, é vida eterna; e Deus, agindo como a consciência de Jesus Cristo, diz, "Vim para que possam ter vida, e para que a tenham em maior abundância"[5] — e não "Eu vim para que possam ter a morte", ou tampouco "Eu vim para que eles possam ter vida até os setenta anos", mas sim "Eu vim para que possam ter vida em maior abundância". Além disso, a voz de Deus, falando novamente como a consciência de Cristo Jesus, diz: "Eu sou a ressurreição e a vida".[6] Deus está sempre anunciando a eternidade e a imortalidade do homem. Deus jamais criou coisa alguma que tivesse o poder de causar infortúnio ao homem. Na vida mais abundante, não há lugar para a morte ou para algo que a pudesse causar.

À medida que retrocedemos na criação espiritual original, conforme é revelada no primeiro capítulo do *Gênese*, não há um único sinal de discórdia ou de qualquer coisa que possa ter o poder de destruir o universo de Deus. Se houvesse, estaríamos admitindo que Deus, o Criador, é também Deus, o Destruidor; que Deus, na época da criação, fez também algo para destruir Sua própria

---

2 1ª João, 1, 5.
3 Apocalipse, 21, 27.
4 Ezequiel, 18, 32.
5 João, 10, 10.
6 João, 11, 25.

criação. Há apenas um sentido em que se pode aceitar o ensinamento oriental de Deus como Criador e Destruidor ao mesmo tempo: é que Deus, como criador do universo, deve automaticamente ser o destruidor de qualquer coisa que seja contrária à criação espiritual. Isso, porém, jamais significaria destruidor de algo real.

Como Deus é o Autocriado, o princípio auto-sustentador e auto-mantenedor desse universo, a responsabilidade pela nossa imortalidade e eternidade cabe a Deus, e não ao homem, não às bombas, não aos germes, e não às tendências altistas ou baixistas das Bolsas de Valores. O destino do homem não está no efeito, mas na Consciência, a Consciência que é Deus, o infinito, o divino, o puro. Em verdade, essa Consciência é a consciência do homem, e em seu estado não condicionado deixa o homem, como fez Melquisedec, espiritual, intocado pelas condições mortais, pelas circunstâncias materiais ou pelas crenças humanas.

Atingindo a consciência incondicionada

Os males que nos sobrevêm não estão em Deus nem no homem, mas sim no condicionamento que vimos recebendo através da ignorância que nos vem sendo inculcada desde tempos imemoriais. Por outras palavras, a cada vez que conferimos poder a uma pessoa, a uma coisa ou a uma condição, nossa consciência manifesta seu condicionamento e mostra até que ponto nos tornamos vítimas dele.

Ficaríamos surpresos em ver com que facilidade uma pessoa poderia, quer para um fim específico, quer apenas como experiência, demonstrar-nos quão rapidamente ela nos poderia levar a desconfiar de outra, e, no fim, temer outra pessoa. Isto tem-se repetido muitas e muitas vezes. É algo muito simples condicionar a mente de pessoas que não estejam alertas, de forma a que elas, impensadamente, aceitem opiniões, idéias e crenças de outras e reajam como robôs à sugestão individual ou à histeria coletiva. Se déssemos ouvidos a toda a propaganda e opiniões de outros, logo logo estaríamos brigando não apenas com nossa família, mas também com nossos vizinhos e com todo o mundo.

A questão é esta: a quem somos fiéis? A quem subordinamos nossa mente a nossos pensamentos? É muito difícil, para pessoas que não aprenderam o valor da meditação, voltar-se interiormente à Presença para Dela obter orientação, instrução e sabedoria. Essas pessoas, pelo contrário, confiam em opiniões colhidas em jornais, revistas, televisão e, assim, temem todas as manchetes, como se tais manchetes pudessem constituir-se numa ameaça à vida que é Deus.

Se é verdade que o reino de Deus está dentro de nós, então o reino do poder está dentro de nós, porque Deus é o poder, e não só Deus é poder, como também Deus é todo o poder que existe. Deus é onipotência. Se pudermos aceitar Deus como Todo-poderoso, e se pudermos aceitar a presença de Deus, o poder de Deus e o reino de Deus como imanentes a nós, então poderemos compreender que o lugar em que pisamos é solo sagrado. Por quê? Porque somos inseparáveis e indivisíveis de nosso Pai, pois o reino de nosso Pai está dentro de nós. O reino da Onipotência está dentro de nós, mas só na medida em que meditarmos sobre isto podemos olhar para a frente e dizer com convicção: "Não tenho medo do que me possam fazer o homem mortal ou as condições mortais. Não terei medo do que me possa fazer a mortalidade; não terei medo do que possam fazer os germes ou as bombas, porque o reino de Deus, a Onipotência, está em mim. Todo-o-Poder está em mim".

Comumente, aceita-se Deus, não como a Onipotência, mas meramente como uma grande Força a ser invocada em presença de um inimigo, seja ele qual for. Esse inimigo poderia ser o pecado, a doença ou a morte; poderia ser a guerra; poderia ser qualquer coisa. Independente de todas as nossas preces pedindo saúde, segurança e paz, essas coisas encontram-se ainda ausentes do mundo. E... por quê? Será que nossas preces não tiveram êxito porque Deus não é um grande poder sobre poderes menores? Deus é onipotência, e esses outros poderes não são poderes, exceto na proporção em que estejamos condicionados a aceitá-los.

Basta apenas que se viaje pelo mundo para testemunhar os medos que martelam a consciência dos homens. Será que existe alguma esperança de liberdade, no mundo, até que exista a libertação do medo? Será que não é o medo que se encontra na raiz de todos os problemas: pessoais, nacionais e internacionais? Será que o medo não é mesmo um bicho-papão?

Assaltos a mão armada têm sido cometidos com revolverzinhos de brinquedo, mesmo não havendo poder nenhum no brinquedo. Pois bem: será que o poder não está justamente na aceitação do revolverzinho como uma arma de verdade? Nos tempos antigos, quantas pessoas já não morreram através das sugestões diabólicas dos caúnas! Quantas pessoas foram reduzidas a uma condição miserável através da bruxaria! Será que havia algum poder real nos caúnas, ou nas feitiçarias, ou na bruxaria? Será que o poder não estaria no medo que outorgava poder a essas coisas, um medo que possuía a vítima?

Realizaram-se recentemente experiências nas quais metade de um grupo de pessoas foi alimentada com germes de resfriado, enquanto a outra metade recebia cápsulas de água. Todas as pessoas acreditaram estar recebendo germes de resfriado, e mais ou menos a mesma percentagem em ambos os grupos apanhou resfriado; porém, ao inverter o processo, obtiveram-se os mesmos resultados. O poder não estava nas cápsulas: estava na mente dos participantes do experimento que conferiram às cápsulas o único poder que eles tinham.

Em nosso estado incondicionado, somos eternos e imortais, e nada ou ninguém exterior a nós tem poder, jurisdição ou controle sobre nós. Somos indivíduos, embora sejamos um com Deus. Toda a Onipotência, toda a Graça divina, todo o Amor divino, todo o Poder divino são nossos. Portanto, nada que seja exterior a nós pode agir sobre nós.

No entanto, se nos deixarmos condicionar pela aceitação de crenças e medos universais. eles atuam sobre nós da mesma forma como atuam sobre o resto da raça humana, e nos tornam suas vítimas. Não temos medo de fantasmas, mas há quem tenha. Será que existe algum poder nos fantasmas, ou o poder reside no medo a eles?

Talvez haja hoje milhões de pessoas em todo mundo virtualmente intocadas pelos germes nocivos ou praticamente imunes às doenças causadas por germes. Por quê? Será porque existem menos germes em seus sistemas do que no de outras pessoas? Ou será porque elas aceitaram a Onipotência, porque concordaram em que todo o poder de Deus lhes foi conferido, e não aos germes, ao tempo ou ao clima? Deus dotou cada um de nós com seu poder; Deus nos deu o domínio sobre tudo o que existe sobre a terra, sob a terra e acima dela. Esse domínio, nós a ele renunciamos ao nos deixar condicionar pela ignorância do mundo e pelos temores do mundo.

A ressurreição aqui e agora

Em nossa unicidade com o Pai, encontramos não apenas força espiritual, mas também água, comida, inspiração e até mesmo ressurreição. Com que freqüência ouvimos estas perguntas: "Você acredita na ressurreição? Jesus se ergueu mesmo do túmulo? Alguém viu Jesus levantar-se dos mortos? Ele caminhou pela terra?"

Aqueles que não acreditam que Jesus tenha sido crucificado e enterrado, que ele se levantou do túmulo e caminhou pela terra não têm a visão espiritual que lhes possibilitaria ver aquilo que os olhos não podem ver, e ouvir o que os ouvidos não podem ouvir. A verdade é que Jesus foi crucificado; que foi enterrado; que se levantou do túmulo; que caminhou pela terra e foi visto por pelo menos quinhentas pessoas que deram testemunho do fato.

Esta foi a verdade sobre Jesus, além de qualquer questão ou de qualquer dúvida, mas esta é também a verdade sobre todos nós. Nós também caminharemos livremente pela terra, após o nosso assim chamado sepultamento. A única diferença é que não haverá quinhentas pessoas para identificar-nos, porque não lhes dissemos para esperarem por nós ou para acreditarem em nossos poderes de ressurreição. Assim sendo, nossos amigos voltarão de nosso enterro com pesar, acreditando que fomos a algum lugar, e, de acordo com a crença deles, assim acontecerá com eles.

Os mortos jamais são sepultados no túmulo, jamais são cremados. Isso acontece apenas com a casca, o corpo. Sei que isto é verdade porque realmente vi, em minha presença, aqueles que já se foram, e, em alguns casos, os ouvi.

Cada um de nós, a seu tempo, ir-se-á deste plano visível, e isto está de acordo com a Sabedoria divina, que nos possibilita superar a forma de bebê e tornar-nos criança, depois superar a forma de criança e tornar-nos adultos, e continuar a amadurecer até superarmos a necessidade desta forma específica de corpo, quando então estamos aptos a fazer uma transição de forma a poder atuar noutra forma ainda.

Se todo mundo permanecesse para sempre nesta terra, não haveria oportunidade para as gerações vindouras, e tampouco haveria qualquer atividade para os cidadões mais velhos, que já tivessem esgotado sua capacidade de servir ao mundo. Devem ser assegurados, portanto, o contínuo crescimento e desdobramento, e após um certo lapso de tempo nesta terra, já não podemos dispor de tais recursos.

Tenho certeza de que muitos há que fazem a transição antes da sua hora, muitos que são forçados pela doença ou pela pobreza, e isso só mudará na medida em que o mundo se tornar mais espiritualmente orientado. Mas, quando vemos pessoas de idade provecta passarem a uma nova experiência, devemos rejubilar-nos pela maior oportunidade que agora lhes é dada no sentido de atuarem mais profícua, harmoniosa e alegremente.

Está determinado que sejamos imortais, pois a progênie de Deus não pode ser menos imortal do que Deus. Somos imortais, temporariamente investidos da crença de sermos mortais. Estamos revestidos de mortalidade, mas a mensagem de Cristo é que devemos estar despidos; devemos remover de nós esse falso conceito de eu, que proclama nossa mortalidade, e devemos revestir-nos de imortalidade. Devemos "morrer diariamente" para a nossa mortalidade e renascer em nossa imortalidade.

Do princípio ao fim, a Escritura revela a existência de um poder que nos devolve "os anos que o gafanhoto comeu".[7] Existe um poder de ressurreição, um poder de restauração, de regeneração e renovação, e é esse poder dentro de nós que o Mestre veio revelar. Ele restituiu total e completa dignidade à mulher apanhada em adultério; restituiu ao céu o ladrão na cruz. Que foram essa restauração e regeneração senão uma ressurreição?

O amor é o poder da ressurreição

O poder da ressurreição reside no amor, mas é difícil compreender o que é o amor. Todo mundo quer ser amado, mas bem poucos querem amar, e é só no amor que advém a ressurreição, e não em ser amado. Poderíamos ser amados por milhões, e ainda assim morrer miseravelmente. O poder da ressurreição não está no amor que nos é dado: o poder da ressurreição está no amor que flui de nós e através de nós. Por outras palavras, deve-se permitir que flua o "esplen-

---

[7] Joel, 2, 25.

dor aprisionado", e esse esplendor é nossa vida eterna. Mas a vida é amor, e não há vida separada e à parte do amor.

Tantas pessoas acham a vida fútil, acham que ela não vale realmente a pena, e, quando chegamos a conhecê-las, percebemos por quê. Elas foram abandonadas pelo poder de amar — não pelo poder de serem amadas. Passam a maior parte da vida procurando companhia e compreensão, o que nunca conseguem encontrar porque não são coisas possíveis de serem encontradas: devem ser expressas.

Se queremos vida — e quero com isto dizer vida harmoniosa, não apenas uma existência da manhã à noite e da noite à manhã; vida verdadeira, uma vida abundante em todos os sentidos, física, mental, moral e financeiramente — não devemos sair por aí buscando vida: vivemos, vivemos! Perguntaram a um homem que completara cem anos como ele havia conseguido chegar a uma idade tão avançada, e ele, sabiamente, respondeu, "Simplesmente, fui vivendo". Naturalmente, essa foi a resposta, mas não podemos simplesmente ir vivendo, a menos que tenhamos algo por que viver. No momento em que desaparece a razão de viver, desaparece a vida.

O amor é a única razão de viver. Parece estranho, mas é verdade. Não existe outro motivo para se permanecer na terra, senão a oportunidade de amar, e quem quer que já tenha experimentado isto sabe que não existe alegria como a do amor: nenhuma alegria se compara à de compartilhar, conceder, compreender e dar, coisas que não passam de sinônimos de amor.

É difícil tornar isto claro para aqueles que têm vivido inteiramente do ponto de vista do receber, querer e desejar. Por outro lado, é simples explicá-lo a uma pessoa que tenha em si algum toque do Espírito de Deus. Infelizmente, alguns há que são desprovidos desse Espírito de Deus; e esses, o Mestre a eles se referiu como solo estéril e pedregoso. Falta-lhes uma coisa, uma coisa só: amor, amor. O amor que eles buscam é o amor que devem dar. Uma vez que aí esteja o amor, uma vez que aí esteja essa natureza que quer dar, compartilhar e compreender, a natureza que deseja encontrar-se com o mundo no meio do caminho, o próximo passo é fácil: trata-se então de conquistar a compreensão de que o verdadeiro poder deste mundo está na consciência, não em algo exterior a ela.

Esta é nossa grande lição: Deus é a consciência infinita e divina, a consciência da qual se formou o universo, e Deus Se deu a nós de maneira que a vida e a consciência de Deus possam ser nossas. Nossa é a vida total e imortal de Deus; nossa é toda a divina consciência de Deus — toda esta divina Consciência.

Aprendendo a liberar a dádiva de Deus

Como já somos infinitos, não temos necessidade alguma de buscar o bem, o amor, companhias ou bens materiais: já somos um com o Pai, e tudo o que o Pai tem já é nosso. Para desfrutar a nossa herança espiritual, devemos aprender a maneira de deixar fluir esta dádiva de Deus.

Uma maneira de fazê-lo é viver constantemente cientes de que nos foi conferido o domínio — o domínio de Deus, o domínio espiritual — e, portanto, não precisamos temer nada nem ninguém que seja exterior a nós. A segunda maneira é abrir caminhos para que uma maior expressão de amor flua de nós. O Mestre mostrou como pode ser expresso esse amor: podemos visitar os presos na cadeia; podemos confortar as viúvas e os órfãos; podemos curar os doentes; podemos dar de comer aos que têm fome; podemos vestir os que estão nus; podemos orar; podemos orar por nossos inimigos; podemos perdoar setenta vezes sete. Tudo isto é amor, tudo isto é deixar fluir o amor.

De uma maneira ou de outra, devemos nos fazer a seguinte pergunta: "O que eu tenho em minha casa?" No momento em que dissermos "Eu", isso nos levará de volta à noção de "Eu e meu Pai somos um".[8] Tudo o que o Pai tem é nosso para que o compartilhemos: todo o amor, toda a vida, todo o domínio, toda a Graça, todos os bens materiais. Mesmo que compartilhássemos apenas umas gotinhas de óleo do qual pudéssemos dispor imediatamente, ou a pequena refeição, ou ainda que começássemos com aquele velho par de sapatos no armário, — não importa por onde comecemos — se começarmos a dividir o que temos em casa, ele aumenta, e, quanto mais o usamos, mais ele aumenta.

É como ensinar. Nunca nenhum aluno aprendeu do professor tanto quanto o professor aprende de ensinar o aluno, porque é no ensino que começa o fluir, e quanto mais o professor dá de si, mais lhe advém. Trata-se do ensino a nível espiritual ou ao nível humano, quanto mais experiência ou prática um professor tem neste campo específico maior se torna o seu conhecimento, porque o fluxo se dá a partir da Fonte infinita que há dentro de cada um de nós. O

---

[8] João, 10, 30.

infinito está em nós; o reino de Deus está em nós; e passamos a haurir dessa Fonte infinita de Riqueza Interior no momento em que reconhecemos: "Eu e meu Pai somos um".

Todo o poder está dentro de nós

Enquanto nos sentamos confortavelmente para nossa meditação, de olhos fechados, estamos olhando para a escuridão, e podemos ver a natureza infinita dessas trevas que são a nossa Interioridade, plena e completa.. Toda essa escuridão está dentro de nós, todo esse espaço está dentro de nós, todo esse mundo com que estamos nos defrontando está dentro de nós:

Eis-me aqui, agora, e dentro de mim, dentro mesmo desta escuridão está o reino de Deus. O reino do Todo, da Onipotência, da Graça divina está contido em mim.

Se tivéssemos de nos sentar sozinhos num bote de borracha, no meio do oceano, a compreensão disto nos traria proteção, segurança, alimento, água ou fosse lá o de que precisássemos. Se estivéssemos perdidos no deserto, esta percepção nos guiaria, mesmo de olhos fechados, para sairmos do deserto sãos e salvos, ou então levaria outros até nós, uma vez que, exatamente lá onde estamos, Deus está: a plenitude de Deus, o todo de Deus, a onipotência de Deus, a graça de Deus.

Quando sabemos disto, não tememos quaisquer circunstâncias ou condições do mundo exterior, porque todo o domínio está em nós. Mil daqueles que não conhecem esta verdade podem tombar à nossa esquerda, e dez mil à nossa direita, mas a fatalidade não se aproximará de nossa morada. Na medida em que percebermos a simples presença dessa Onipotência em nós, Deus está habitando em nós, e frutificamos com exuberância.

Pela prática deste princípio da natureza do poder espiritual, estamos vivendo a vida de Cristo. O Mestre não temia a doença, nem a morte; não teve medo de Pilatos. "Não terias absolutamente nenhuma autoridade contra mim, a menos que ela fosse concedida de cima."[9] Pilatos é apenas outro nome para o tirano específico que parece agir em nossa experiência.

---

[9] João, 19, 11.

Por causa da percepção da Onipotência, Jesus não teve medo de nada que lhe fosse exterior; ao mesmo tempo, porém, ele tampouco temia poderes exteriores, ele prodigalizava ao mundo seu amor, sua consciência curativa, sua consciência partilhadora, sua consciência de perdão, e não a prodigalizava apenas aos santos, mas também aos pecadores.

Devemos agir de forma a poder ser discípulos, a que possamos ser os filhos de Deus. E não nos estaremos realizando como filhos de Deus a menos que, antes de mais nada, reconheçamos a Onipotência dentro de nós próprios, e por isso mesmo não temamos nada que nos seja exterior, e, em segundo lugar, deixemos jorrar o amor de Cristo em infinita abundância. Aí, então, testemunharemos a ressurreição em nós, aqui e agora.

DETRÁS DO PÚLPITO

Consciência é a palavra mais importante em todo o vocabulário do Caminho Infinito. Nada em que venhamos a pensar poderá jamais substituir a palavra "Consciência". Em Seu estado puro, Consciência é Deus; e, em Seu estado puro, constitui nosso ser. Na qualidade de seres humanos, vivemos como estados e estágios de consciência, como graus de consciência. Em verdade, no momento em que somos concebidos como seres humanos, a consciência que somos começa a receber condicionamentos. Somos condicionados por tudo o que pensam nossos pais: os medos e as esperanças que eles alimentam nos são transferidos. Aí, entramos para a escola, e somos condicionados pelos professores, pelos colegas e pais dos colegas, condicionamento e mais condicionamento, até que, na época em que entramos no mundo, noventa por cento das coisas de cuja veracidade estamos convencidos são, em verdade, falsas. E, à medida em que nos movemos sozinhos no mundo, o condicionamento continua.

A partir do momento em que temos o primeiro contato com o aprendizado matafísico, porém, começamos a nos condicionar por outras linhas. Por exemplo: se pensarmos na afirmação: "Não chameis de vosso pai a nenhum homem sobre a terra: pois apenas um é vosso Pai, que está no céu".[10] e se a verdade desse princípio um dia

---

[10] Mateus, 23, 9.

se registrasse em nossa consciência, logo seríamos capazes de olhar ao redor e dizer: "Ah, então só há um Criador, e somos todos filhos Dele; somos iguais aos olhos de Deus".

Isso nos limparia de nossos preconceitos e do condicionamento precoce em relação a outras pessoas. A essa altura, teríamos uma nova consciência. Teríamos "morrido" para o estado de consciência que fora preenchido com distorções e preconceitos, e nos teríamos tornado um com nossos irmãos, em escala universal. A essa altura, nos teríamos tornado um novo homem.

Se essa espécie de condicionamento prosseguisse, chegaríamos finalmente a uma outra extensão da mesma idéia, e perceberíamos que, se isto é verdade, nossas qualidades e heranças remontam Àquele. Foi Emerson quem disse: "Existe apenas uma Mente Universal, e todos os homens provêm de e convergem para Ela". Uma vez que comecemos a perceber que provimos de e convergirmos para essa consciência-Deus, percebemos que somos canais de procedência e convergência de Suas qualidades, e não somos limitados como pensávamos; não dependemos do que foram nossos pais humanos: agora dependemos de nossa Fonte. Poderia levar meses de ponderação, mas finalmente a verdade nos penetra e então poderíamos dizer que até então fomos cegos, e agora enxergamos.

Mediante a percepção desta verdade, começamos a haurir do Infinito; achamo-nos então numa nova consciência, na qual ocorreram duas coisas: perdemos nossas distorções mentais e nossa intolerância, e nos livramos de alguns dos *handicaps* e limitações de nossos ancestrais. Já não é verdade que os pecados dos pais recairão "sobre os filhos até a terceira e a quarta gerações".[11] Uma vez que assumamos este princípio e trabalhemos com ele, achamo-nos num estado de consciência mais livre; não somos a mesma pessoa; livramo-nos de nossa dependência dos outros e aprendemos a penetrar na Fonte.

Desde a infância, cada um de nós foi ensinado a ter medo de forças externas, sejam elas os germes, a infecção, o contágio ou o tempo. Mas, e se déssemos uma olhada ao princípio metafísico contido nesta afirmação: "Pilatos, você não tem qualquer poder sobre mim. 'Eu e meu Pai somos um.' Deus me deu o domínio, e em virtude desse domínio, não existe qualquer poder no mundo exterior"? Será que a aceitação desse princípio, e a convicção

---

[11] Êxodo, 20, 5.

de sua veracidade, não nos libertariam de setenta a oitenta por cento dos temores do mundo? Já não temeríamos o poder de nada que fosse exterior a nós, e mais uma vez, a essa altura, estaríamos num estado diferente de consciência: teríamos "morrido" para nossos medos.

Mas ainda não "morremos" para o maior de todos os nossos medos, o medo da morte. É este medo que torna tão apavorante a doença. Se existe isso de se tornar imune ao medo da morte, então teremos demonstrado que se vive eternamente, e não quero dizer, com isso, que se permaneça na terra para sempre.

Teremos de fazer uma transição, mas o tempo dessa transição só chega quando cumprimos nossa finalidade na terra, e, na medida em que conseguirmos encarar a transição, já não encararemos a morte. Ao perder o medo da morte, conseguimos nos libertar da maioria das doenças deste mundo, e, mesmo com um movimento apenas parcial nessa direção, já não somos a mesma pessoa de antes. Já não teremos medo das condições e circunstâncias exteriores. Teremos então passado a um outro grau de consciência.

Nessa altura de nossa vida espiritual, achamo-nos num estado de consciência inteiramente diferente daquele em que nos encontrávamos no dia em que nos descobrimos na senda espiritual. Já não conferiremos poder ao que é externo; teremos então menos crenças supersticiosas; e teremos perdido um pouco de nossa ignorância. Esse progresso só se dá na medida em que adotamos um princípio espiritual depois do outro e passamos a trabalhar com eles até que cada um deles faça "soar uma campainha" e fique interiormente registrado em nós.

Na medida em que a consciência vai sendo purificada, isto é, à medida em que nos livramos do condicionamento errôneo, aproximamo-nos cada vez mais da Consciência pura, da vida outorgada por Deus e da imortalidade. Então, como sempre, devemos orar assim: "Pai, dai-me a pura Consciência que eu tinha Convosco antes de o mundo começar".

O princípio básico que se enfatiza no Caminho Infinito é: não existe bem nem mal, o pensamento é que os faz. Não devemos olhar para o bem externo nem temer o mal exterior. Nada — coisa alguma — foi dotado com o poder do mal. Deus nos deu Seu próprio Espírito, Sua própria consciência. A extensão de nosso fracasso pode ser medida pela medida em que captamos a consciência universal do homem.

Cada qual tem dentro de si seu próprio grau de percepção daquela mente que esteve também em Jesus Cristo. Quando sabemos conscientemente a verdade, estamos alcançando essa mente. Na mesma proporção em que não dermos qualquer poder ao exterior, compreenderemos que, finalmente, o cordeiro repousará ao lado do leão, e, na medida em que adotarmos em nossa vida esse princípio, descobriremos que estamos sendo cada vez menos afetados pelo exterior. Quanto mais nos aproximarmos do princípio, tanto mais nos aproximaremos duma consciência do bem.

Isto se torna cada vez mais verdadeiro na medida em que nossa consciência consegue aceitar a revelação de que não existe nem mal nem bem, de que é apenas a revelação universal que os faz parecer tais. Existe apenas o SER. A relva $\acute{E}$, o tempo $\acute{E}$, a água $\acute{E}$. O único poder que existe é o Ser. Quanto mais próximos vivermos da consciência de que tudo é Ser, criado e dotado por Deus, tanto mais nos descobriremos em sintonia para com o amor de Deus e para com a graça de Deus. Então isto muda nossa consciência, porque uma vida livre de alguns dos velhos medos é uma consciência toda livre.

A cada vez que recebemos uma dotação interior, ela expulsa algum medo externo, e até certo ponto ficamos livres de nosso primitivo condicionamento externo. Se pudéssemos, em pensamento, retroceder no tempo dez anos, e ver-nos como éramos então, diríamos, "Mas como, essa pessoa não sou eu".

A razão pela qual é tão importante a palavra "consciência" é o fato de sabermos que a meta de nosso trabalho é mudar nossa consciência. Ao realizar isto, temos de deixar o mundo sozinho. Qualquer mudança que ocorra tem de vir de dentro de nossa própria consciência. Perguntemos a nós mesmos: qual é a nossa reação às pessoas, às condições climáticas, às teorias? Qual é a nossa reação à morte? Não sabemos qual o condicionamento mental específico que constitui a nossa barreira particular, e é por não sabermos o que nos está limitando que necessitamos de freqüentes períodos de meditação.

Finalmente, entramos num tal estado de percepção que nossa consciência determina a natureza de nossa vida, mas essa mudança só pode vir quando aceitarmos uma mudança de consciência. Nenhum professor ou praticante opera qualquer mudança no aluno: eles são apenas o instrumento através do qual o próprio aluno realiza a mudança. Aquele a quem devemos ser gratos é ao Deus interior que nos preparou para a mudança. Seja qual for o grau de nova consciência que nos advenha, ele depende de nossa própria devoção àquele fim. Um professor ou praticante é apenas o meio para o fim. Ele tem o poder de fazer externalizar-se o que está em nós, e não mais, e isso apenas proporcionalmente à nossa humildade e boa vontade para nos atirar ao trabalho e trabalhar.

Há algo interior que nos impele a atingir uma consciência pura. Algures, numa encarnação passada ou na presente, algo aconteceu que fizesse cintilar nosso centro espiritual, e, quando um desses princípios específicos se ilumina em nós, chegamos mais perto do estado puro de consciência. Depois, à medida que tornamos nosso cada um dos princípios, vamos dando um passo após outro no sentido de nos libertarmos da servidão humana, e ficamos menos atados à limitação humana.

Proporcionalmente à nossa habilidade em agarrar a verdade e nos tornarmos convencidos dela, da verdade de que não existe bem nem mal, tornamo-nos pura Consciência. A Consciência pura é aquela da qual nos constituímos: os estados de consciência que exprimimos são sobrepostos pelas crenças do mundo. Chegar à Consciência pura implica um processo de "morte diária". A cada vez que nos desprendemos de uma teoria, de uma ansiedade, de uma superstição, "morremos" em igual medida para este mundo.

Ao dizer que havia vencido o mundo, o Mestre havia vencido essas tentações, mas, quando venceu a morte, ele em verdade venceu o mundo. Pessoalmente, não acho que ele tenha vencido o mundo antes de encontrar-se no Jardim de Getsêmani. Ali ele se defrontou com a morte. Ali, abandonou seu sentido humano da vida. Ninguém "morre" plenamente até se defrontar com a morte; aí então a pessoa entra na Quarta Dimensão. E passa então a estar viva, não no sentido humano, mas no sentido espiritual.

5

O Domínio da Graça Divina

Os princípios curativos do Caminho Infinito diferem tão radicalmente daqueles que se encontram noutras doutrinas que os alunos que desejarem ter êxito na prática da cura do Caminho Infinito deveriam trabalhar apenas do ponto de vista do que lhes foi apresentado nesta obra.

Há algumas doutrinas em que o praticante se esforça por descobrir o erro que está causando a perturbação e por identificá-lo com o paciente. Essa prática chama-se "descoberta do erro", e parte do pressuposto de que existe no paciente alguma idéia errada, que está produzindo sua enfermidade específica.

No início de minha prática, descobri que isso não era verdade. O mal não se origina no pensamento do paciente, embora o próprio paciente, através do seu consentimento, possa transformar-se numa válvula de escape para o mal. Todo mal, de qualquer natureza, seja ele o pecado, os apetites inoportunos, a doença, a privação ou a limitação, tem sua origem na mente universal ou na mente carnal. Uma vez ciente disto, o praticante começa a libertar seu paciente. Ao invés de imputar-lhe algum erro e agarrar-se a isso, ele percebe imediatamente que "Isto não se origina na pessoa: tem sua origem na mente carnal ou universal".

Reconheça Deus em todo mundo

Se eu me sentar numa classe ou num palanque diante de uma platéia à qual deva fazer uma palestra, pensando que todo mundo, nesse grupo, é filho de Deus, portador da mente e da Alma de Deus, e que só Deus vive e opera nessa pessoa e através dela, o que acontece? Mesmo que os membros da classe ou da platéia não saibam da ocorrência dessa percepção silenciosa de sua verdadeira origem e natureza espiritual, eles começarão a reagir à verdade que os envolve. Embora não saibam por que, rejubilam-se interiormente por eu os estar vendo como são em sua verdadeira natureza, por eu estar vendo seu verdadeiro Eu, por os estar enxergando por trás do disfarce humano.

Mas se, por outro lado, eu porventura me sentasse no mesmo lugar e criticasse as pessoas da platéia, ou se as recriminasse ou julgasse segundo padrões humanos, elas começariam a se mexer, e a se torcer, e a se sentir pouco à vontade. Por quê? Porque eu as estaria tratando da maneira errada, e mesmo sem saber o que estariam fazendo elas sentiriam o efeito disso.

O mesmo ocorre na prática curativa. Se eu tentar descobrir o erro num paciente, ele começará a sentir meu tratamento errôneo, e, ao invés de se sentir livre, feliz e contente, sentir-se-á pouco à vontade com a minha censura e o meu julgamento. Não é assim que se liberta uma pessoa.

É possível experimentar-se este princípio no trato com gatos, cachorros, passarinhos ou crianças. Ao invés de dizer, "Êi, cachorro ordinário", "Ô, seu gato à-toa", ou "Você aí, ô moleque atrevido", deveríamos perceber: "Deus fez o ser individual, e esse ser possui todas as qualidades de Deus. A mente e a inteligência do ser individual brotam de Deus. A vida é de Deus, e Deus governa até a queda de um pardal". Com o conhecimento disto, o comportamento do animal ou da criança muda, porque se removeu a condenação.

Se você pretende curar, deve lembrar-se de remover o pecado original da espécie humana, a crença de que o homem foi criado em pecado e dado à luz em iniqüidade. Isso não é verdade com relação a ninguém. "Não chames a ninguém na terra teu pai: pois um é o teu Pai, que está no céu."[1] E que significa isto, exceto que se deve reconhecer a origem espiritual de todo homem?

Embora os cientistas possam fazer remontar a origem do homem a uma semente, permanece a pergunta: de onde se originou a semente? Será que a semente não foi criada por Deus? O homem não é criador: Deus é o criador. O homem é apenas o instrumento através do qual aparece a criação, mas por trás do homem está Deus, que criou a semente. Tudo o que é visível, tudo o que está feito, é feito duma substância que é invisível.

A natureza universal e impessoal do mal

No exato momento em que reconheço que Deus constitui o ser individual, devo reconhecer também que ninguém contém em si mesmo a fonte de qualquer mal. Não há mal algum em ninguém, não existe nenhum mal criado por Deus e nenhum mal autocriado. Nenhum mal que se manifeste através de uma pessoa tem sua origem naquilo que, à falta de uma expressão ou palavra melhor, pode ser chamado de mente carnal universal. Para desembaraçar-se imediatamente dela, basta separá-la da pessoa e deixar essa pessoa como era originalmente, à imagem e semelhança de Deus, o Próprio Deus em expressão, a Vida se expressando como ser individual. Daí já não existe na pessoa nenhum mal: o único mal existente então é o mal impessoal, inerente à mente carnal universal.

Sempre que há um surto de resfriado, gripe ou outra doença dessa natureza, acredita-se que a causa seja o tempo, o clima, os vírus; mas será que não se consegue perceber que essa crença não se originou na pessoa? Ela não deu origem à idéia de gripe ou resfriado; não deu origem à idéia de vírus. Esta é uma espécie de crença que está no ar, e que a pessoa pegou por causa de sua ignorância da verdade.

Em casos como esses, não há qualquer razão para se tratar uma pessoa, porque o praticante médio poderia então ter centenas de pessoas com gripe ou resfriado, pedindo sua ajuda, e seria um bocado difícil para ele dar a cada uma delas um tratamento diário. Felizmen-

---

[1] Mateus, 23, 9.

te, isto não é necessário, porque há apenas um problema, e esse problema não tem nada a ver com a pessoa. É uma crença universal no tempo, na infecção, no contágio ou nos vírus, e, quando a coisa é tratada desta forma, se houver cem doentes, pode-se curar os cem desde que cada um deles venha e toque a consciência do praticante. Mas houve apenas um tratamento, porque há apenas uma crença: uma crença universal na existência de um eu separado de Deus, de um poder separado de Deus, ou de uma presença separada de Deus.

Quando você experimenta este princípio, e prova conclusivamente para si mesmo que o resfriado, a gripe ou a pneumonia não são causados pelo pensamento errôneo da pessoa, você será capaz de aplicar este mesmo princípio a outras doenças, ao pecado e aos falsos apetites. Em cada caso, você observará que a origem do problema não está na pessoa, e que você não pode descobrir o erro nela porque o erro não está ali.

O erro está numa crença universal da existência de um homem mortal ou de uma condição ou criação separadas de Deus. É uma *crença universal*, não é sua crença ou minha crença. No Caminho Infinito, chama-se a isto "impessoalização", e esse princípio é de importância primordial na cura do Caminho Infinito. Não importa qual seja o problema, de um calo a um câncer, de um livro de bolso oco a uma relação oca, não é uma pessoa, e não está numa pessoa: é uma crença universal que envolve o predomínio do ego, um poder separado de Deus. Não se trata da pessoa, porque a pessoa é Deus tornado manifesto: a pessoa é a Vida expressa; é o Espírito revelado; é a Alma de Deus encarnada. A própria respiração da pessoa é o sopro de Deus. Ela é, em verdade, o Ego de Deus. Nela não existe nenhum mal, e não há nela qualquer pecado.

Não foi no julgamento de Jesus que Pilatos disse: "Não acho nele nenhuma falta"?[2] É exatamente isto o que nossos praticantes devem dizer a cada caso: "Não acho nenhuma falta neste paciente, absolutamente nenhuma falta, nenhum mal. Acho apenas que ele é o Sagrado Um de Israel, o filho de Deus, a progênie do Espírito, a própria vida de Deus manifesta".

Isto é a impessoalização da aparência.

---

[2] João, 18, 38.

"Nadificando" o problema

Depois que o erro foi impessoalizado, há um segundo passo, e chama-se a este "nadificação", transformar o problema em nada, ou, por outras palavras, perceber que Deus não criou o estado do mal:

"Tendes olhos mais puros do que os poderiam
suportar o mal, e não podeis olhar a iniqüidade."
Habacuc, 1, 13

"Pois não me comprazo na morte daquele que
morre... portanto, voltai-vos e vivei."
Ezequiel, 18, 32

O Mestre disse: "Desci do céu, não para fazer a minha vontade, mas a vontade Daquele que me enviou".[3] A vontade do Pai é que sejamos curados da doença, que sejamos libertados da privação, que sejamos perdoados por nossos pecados. Pois então podem esses erros ser de Deus, e, se não são de Deus, será que eles têm qualquer poder? Se não são de Deus, será que podem ter qualquer existência real? "E Deus viu todas as coisas que fizera, e, contemplando-as, viu que aquilo era bom."[4] Ele não achou nenhum mal em Sua criação.

Isto nos leva a algo que já sabemos, mas que você pode ainda não ter aceito como um princípio absoluto. Você pode ter declarado que Deus é o único poder, mas será que você aceitou esta verdade como um princípio absoluto, ou você continua a aceitar dois poderes, um poder do bem e um poder do mal? Você encara os germes como uma força do mal? Você encara os ditadores como homens maus? Você encara a doença e o pecado como condições malignas? Se assim for, você não está aceitando Deus como Onipotência.

Se você quer praticar a cura espiritual, tem de aceitar Deus como Onipotência, e tem de ser capaz de encarar o pecado, os falsos apetites, a doença ou qualquer outra condição sem medo nem horror, per-

---

[3] João, 6, 38.
[4] Gênesis, 1, 31.

cebendo isto: "Se não formos parte da onipotência de Deus, só podemos existir como uma crença do homem". Alguém pode acreditar que existam fantasmas num quarto, mas os fantasmas não têm realidade.

Não se pode dizer que o mal não exista como uma crença na mente humana: ele existe, ou então não haveria necessidade de um ensino baseado na impotência do mal, porque ninguém experimentaria nenhum mal. Só se experimenta o mal porque existe uma crença universal em sua realidade e em seu poder. Na proporção em que você conseguir aceitar Deus como Onipotência, o mal perde seu poder aparente, seu poder em crença.

Não existe nenhuma lei da doença

Anos atrás, um médico veio a mim com uma doença supostamente incurável. Pois bem, não se pode explicar muito bem, a um médico, o não-ser da doença, ou sua natureza irreal, porque ele devotou sua vida a tentar curar a doença. Não obstante, pude dizer a ele: "Não há qualquer lei em apoio desta doença. Se houvesse uma lei, você não poderia curá-la, porque não se pode infringir uma lei. Não se pode infringir a lei "duas vezes dois igual a quatro"; não se pode infringir a lei de que H_2O é água; não se pode infringir algo que seja regulado por uma lei. E portanto, se uma doença tiver uma lei em apoio dela, ela será uma doença eterna, pois seria perpetuada por sua lei.

"Se houvesse uma lei regendo a doença, essa lei não teria vindo de Deus? Pois não é Deus o único que pode outorgar leis? Se houvesse uma lei de Deus governando a doença, quem poderia detê-la? Ou será que a doença só pode ser curada porque não existe nenhuma lei de Deus a apoiá-la?"

E, como esse médico, em sua própria mente, foi capaz de aceitar a verdade de que, se há algo que tenha uma lei a apoiá-lo, isso tem imortalidade, ele teve uma cura linda.

Se você conseguir apanhar o sentido do princípio de que a doença não tem nenhuma lei, ela será derrotada pelo próprio fato de você ter-lhe reconhecido o não-ser. Se você conseguir apreender, e realmente compreender esta verdade, a aparência se dissolverá. Se você conseguir reconhecer a verdade de que Deus não é responsável pela doença e pela morte, você as destruirá. É esta a verdade que o liberta.

Um poder

A cada vez que você percebe a natureza espiritual de qualquer pessoa e a natureza universal das crenças humanas, você está contribuindo para libertar essa pessoa da doença, do medo ou da privação. Todas estas coisas têm sua base na crença do pecado original, conforme é narrado na Bíblia, na alegoria de Adão e Eva. Eles comeram da árvore do conhecimento do bem e do mal, e foi a aceitação desses dois poderes, por parte deles, que determinou sua expulsão do Jardim do Éden. E, desde esse tempo, vimos comendo dessa árvore, e portanto mantendo-nos fora do Éden.

Mas podemos voltar ao Éden no momento em que percebermos que Deus jamais criou dois poderes. Deus é o único poder, e, além de Deus, não há outro poder. Porque Deus é Espírito, o único poder que existe é o poder espiritual, e nada mais é poder. O poder material não é poder: só o Espírito é poder.

Quando você se agarrar a isto: "Reconheço somente a Deus como Espírito, a Deus como Lei, a Deus como Poder; e reconheço a tudo o mais como uma crença da mente carnal", você se achará curando, porque então você não estará lutando com uma crença da doença, do pecado ou da privação, não mais do que você luta com a crença de que duas vezes dois são quatro. Uma vez que você tiver reconhecido e compreendido que o mal não é pessoal, que ele nada tem a ver com a pessoa que o está sofrendo, exceto que ela o aceitou temporariamente, mas que, além disso, essas coisas não nascem nem se originam na pessoa e não fazem parte de sua natureza, você terá obtido uma vitória sobre o erro, independente de quais possam ser seu nome ou sua natureza.

Remova o malfeito impessoalizando o erro

Você deve mostrar-se firme na impessoalização do erro. Você não pode, num momento, lançar a culpa do mal à porta de alguém, e, no momento seguinte, dizer que o mal é impessoal. Você tem de ser absolutamente universal na aceitação deste princípio. Em princípio, é difícil fazê-lo, porque existem muitas pessoas a quem você poderia achar que deveria culpar por alguns de seus percalços. Tenho certeza de que vocês todos acreditam haver alguém que lhes tenha causado problemas, quando na verdade não causou. A verdade é que o problema nasceu na sua aceitação da crença universal que os levou a ver a outra pessoa como algo menos do que um filho de Deus. Ao falhar nisso, você procedeu mal para com a pessoa, e o malfeito voltou sobre você.

É literalmente verdade que não se deve chamar de pai a nenhum homem sobre a terra, porque temos uma origem espiritual. Você é a manifestação espiritual do Espírito divino, a expressão eterna e imortal do Próprio Deus. Você não é físico; você não é mortal; você não é material; você, na realidade, não é nem humano: você é divino. Até mesmo a única parte de você que parece ser mortal provém da crença de que existem dois poderes.

Quando você aceitar um poder, será fácil compreender por que o Mestre não reagia à aparência de doença e de pecado. Ele se limitava a contemplá-los e dizia: "Tampouco eu te condeno.[5] ...Ainda hoje estarás comigo no paraíso".[6] Por outras palavras, na medida em que você se eleva ao Cristo, reconhecendo que o pecado e a doença não têm origem numa pessoa e que ela não é responsável por eles, essa pessoa é absolvida.

Isto retira do seu paciente o fardo do malfeito, assim como o retira do seu aluno, do seu próximo. Retira o fardo do malfeito de todo mundo, até mesmo dos seus bichinhos de estimação. Você não pede aos seus bichinhos que sejam espirituais, não lhes pede que leiam tantas páginas de tantos livros, ou que sejam mais amorosos, mais generosos, mais delicados ou mais pacientes. Quando seu gato, seu cachorro ou seu passarinho está sofrendo, você conhece a verdade de Deus como Vida, como o único Poder e a única Presença. Você sabe que nenhum desses males pertence ao gato ou ao cãozinho, que são apenas parte duma crença universal mortal, e, assim, você o liberta. E é desta exata maneira que você age em relação ao seu paciente.

Ensinar é algo bastante diferente. Quando se ensina, os alunos recebem instrução e são remetidos a livros e a passagens de livros que os iluminarão ainda mais. Todos os Escritos apresentam princípios específicos para os alunos aprenderem. E não é assim que eles podem

---

[5] João, 8, 11.
[6] Lucas, 23, 43.

se curar: assim eles podem aprender os princípios que transformam a consciência duma base material para uma base espiritual.

Quando alguém lhe pedir ajuda, esta deve ser a sua reação: "É claro, vou ajudá-lo imediatamente". Não é preciso conhecer a natureza do problema ou o nome da pessoa que está buscando auxílio. Ninguém jamais me disse os nomes dos gatos e cachorros para quem se pedia ajuda, e no entanto foram curados sem que eu lhes soubesse os nomes. Aprendi que ninguém tem de me contar o nome do paciente que deseja ser curado, porque, no que me concerne, essa pessoa é da mesma progênie espiritual de Deus que eu.

Que diferença faz se se chamar a uma flor de rosa, orquídea ou violeta? Continua sendo uma flor. E então, quer a pessoa se chame Bill, Jim ou Henry, ela continua sendo a progênie espiritual de Deus. Não estou transferindo qualquer verdade para a mente da pessoa, tampouco lhe estou comunicando qualquer verdade. Sei a verdade dentro de mim, e a única verdade que existe sobre a pessoa, ou sobre qualquer pessoa que seja, é a verdade sobre Deus. Não sei especificamente a verdade que envolve Mary Jones ou Bill Smith: conheço a verdade sobre Deus. Não acredito que Deus saiba os nomes daqueles que pedem socorro, não acho que ele os saiba mais do que eu.

Quando se lhe apresentar um problema, você deve, antes de mais nada, perceber que o problema não só não é apenas do homem, como também não tem existência real: ele existe apenas como uma aparência ilusória. Veja a diferença entre uma condição e uma aparência ilusória: contra uma condição, você tem de lutar; agora, uma aparência ilusória, você ignora. Se você fosse tratar as condições, teria de estudar anos, formar-se e praticar a *materia medica*. Mas você não está tratando condições, estados específicos; você não está tratando doenças; você não está tratando pessoas doentes: você é sabedor da verdade sobre a identidade do homem e sobre a natureza ilusória da aparência, e assim sendo você ignora o problema.

Mas você tem, no entanto, de estar, você próprio, firmemente apoiado nesses princípios. Você não pode oscilar entre a esperança num minuto, a fé no minuto seguinte, e a dúvida no próximo. É por este motivo que é sempre melhor começar a prática da cura com as queixas menores do mundo humano, e construir uma consciência do não-poder de qualquer aparência, embora isto não seja necessário. Você pode começar com qualquer problema que toque a sua consciência, se tiver aprendido a impessoalizar e a compreender instantaneamente que isso nada tem a ver com qualquer pessoa: isso é uma crença impessoal em dois poderes, a crença adâmica, um erro universal. Desta forma, você terá tirado o problema de seu paciente e o colocado imediatamente no local ao qual ele pertence, como parte da vasta ilusão mental. É uma aparência ilusória, uma falsa crença da mente carnal universal.

A imortalidade e a eternidade da vida

Quando você tiver, assim, separado o erro da pessoa, pergunte a si mesmo: "Isto é de Deus? Deus criou isto?" Não, Deus não poderia tê-lo criado, porque Deus jamais poderia ter criado algo destrutivo para Si mesmo. A sua vida é a vida de Deus. Se algo estiver ocorrendo à sua vida, estará ocorrendo à vida de Deus. Certamente, Deus, que é sabedoria infinita e amor divino, nunca tomou qualquer providência que visasse destruir Sua própria vida, e Sua vida é a única vida que você jamais terá. Eis por que você pode saber, fora de qualquer dúvida, que é imortal: você não começou no dia designado como seu aniversário, e sua vida não chegará ao fim no dia designado como de sua morte. A única vida que você vive é a vida de Deus. Na verdade não é você que está vivendo: é Deus que está vivendo Sua própria vida, como você. Portanto, como Deus é a única vida que você tem, você pode estar certo de que Ele não criou nenhuma moléstia para destruí-la.

O Cristo "veio para que pudessem ter vida, e para que a tenham em maior abundância".[7] Quando? "Antes que Abraão viesse a existir."[8] Até quando? "Até o fim do mundo."[9] Lembre-se sempre de que o Cristo tem estado com você desde que Deus começou; o Cristo estará com você até o fim do mundo: "Jamais vos deixarei, nem vos abandonarei".[10] Assim, não pode haver qualquer estipulação para que você fique velho ou morra.

Conforme salientamos no capítulo anterior, você é uma consciência que se desdobra, e você continuará a se desdobrar até o infini-

---

[7] João, 10, 10.
[8] João, 8, 58.
[9] Mateus, 28, 20.
[10] Hebreus, 13, 5.

to. Há uma época prevista para que todo mundo transponha a fase da visibilidade, mas ninguém deveria ser impelido a essa transição por meio de uma doença: deveria fazê-la de uma forma normal e natural.

A vida de Deus é a única vida que você está vivendo, ou que está vivendo você. Deus é a única mente que você tem. Deus é a única Alma que você tem, e até mesmo o seu corpo é o templo de Deus. Será que pode, então, haver algum erro em você? Independentemente da aparência que você possa ter, o erro não está em você. Quando você perceber isto, terá impessoalizado o erro, e te-lo-á colocado na consciência mortal universal, onde ele sempre esteve. Aí, você o nadifica, pela percepção de que Deus não o criou, de que ele não faz parte de Deus e de que Cristo está presente para nulificá-lo.

O erro existe apenas como uma aparência ilusória. Assim como o céu parece assentar-se numa montanha, assim também todos os falsos apetites, toda a doença, toda a carência e toda a limitação só existem como aparências ilusórias. No momento em que você os impessoaliza e os "nulifica", você está a caminho de destruí-los, tanto que, em alguns casos, você obterá curas instantâneas através desta percepção.

Noutros casos, leva tempo, porque existe outro elemento com o qual se está lidando, e esse é a receptividade da pessoa em questão. Eis por que é muito mais fácil ficarem curados os cães e gatos do que os seres humanos. Os gatos e cachorros não tentam se apegar a algo, ao passo que os seres humanos geralmente tentam. E as próprias coisas a que eles tentam apegar-se são as que lhes causam maior mal.

DETRÁS DO PÚLPITO

Na qualidade de seres humanos, achamos que nossa garantia está no dinheiro, e nossa saúde no corpo. Se nossa capacidade de assimilação e eliminação funciona de acordo com o que se considera normal, acreditamos então estar com saúde. Acreditamos que a vida depende da respiração e do funcionamento do coração, e que a inteligência está associada ao cérebro. O que, no entanto, fazemos no Caminho Infinito é realizar uma transição do sentido material da vida para o sentido espiritual.

Nossa obra de cura, portanto, nunca é uma tentativa de corrigir o que esteja errado no corpo, na mente ou no bolso. "Não podemos enfrentar um problema ao nível do problema."[11] Se pretendermos fazer algo a respeito de qualquer condição desarmoniosa ou discordante, não nos sairemos bem. Em primeiro lugar, temos de sair da esfera do problema antes que a harmonia possa ser revelada.

Encontramos nossa harmonia no Espírito, na Consciência. Como Deus é Consciência, e como Deus é provisão, encontramos nossa saúde em Deus ou na Consciência. Até mesmo os profetas do Velho Testamento sabiam que Deus é a saúde de nosso semblante. A saúde e os bens materiais devem ser encontrados, não no corpo e no bolso, mas na Consciência, e então o corpo exprime saúde, e a bolsa, abundância. Até nossa longevidade deve ser encontrada na Consciência.

Se tentarmos nos perpetuar remendando o corpo, os resultados serão temporários. Medicamente, é possível passar da doença à saúde, e, se isso for tudo o que alguém esteja buscando, ele ou ela o encontrará na *materia medica,* porque atualmente não existem muitas doenças incuráveis.

Mas, se estivermos em busca de um princípio de vida por meio do qual esperemos encontrar nossa imortalidade na plenitude de nosso ser, então temos de sair do domínio da mente e do corpo e achar nosso bem na Consciência. Mas, como o reino da Consciência é invisível, não poderemos ter adiantadamente nenhuma prova ou sinal de que isto seja verdade.

Assim, damos início à nossa jornada espiritual em alguma época específica: poderia ser hoje, para alguns, ou no ano que vem, para outros. Mas, um dia, temos de fazer uma transição: deixar de recorrer à nossa conta bancária para sermos providos do que precisamos, deixar de recorrer ao nosso corpo em busca de saúde, ou aos seres humanos em busca da felicidade, e perceber que a plenitude, em cada departamento de nossa vida, está corporificada na Consciência de Deus que é a nossa consciência individual.

Isto pode dar a impressão de nos deixar suspensos no espaço, por assim dizer, mas, como diz a Escritura, "Ele... deixou a terra suspensa sobre o nada",[12] de modo que, ao fazer esta transição específica, nós, também, nada temos a que nos apoiar, porque já não estamos mais olhando para o corpo, o bolso ou o cérebro; e não pode-

---

[11] Joel S. Goldsmith, *The Infinite Way,* Willing Publishing Company, San Gabriel, Califórnia, p. 62.

[12] Jó, 26, 7.

mos ver, ouvir, sentir, tocar ou cheirar a Consciência. Sequer sabemos o que é Consciência, mas mesmo assim estamos confiando inteiramente Nela e dependendo inteiramente Dela.

A essa altura, ainda que conheçamos a verdade, podemos ainda sentir-nos pendentes do espaço, porque não sabemos o que deve vir em seguida. Estamos transferindo nossa fé para a Consciência, mas não temos meio de saber o que é Consciência. Tudo o que podemos fazer é continuar a pender suspensos no espaço até que a Consciência nos dê uma demonstração que nos convença, sem deixar qualquer margem a dúvidas, de que estamos em solo sagrado.

Não existe nenhuma limitação real em parte alguma do mundo, exceto a limitação que colocamos a nós próprios. Cada um, na face do globo, pode experienciar a plenitude de Deus, porque a Consciência é indivisível. É por isso que qualquer pessoa pode ter uma infinidade de bens materiais, e ainda sobrará o bastante para que qualquer outra pessoa no mundo possa ter uma infinidade de bens materiais.

Quando realizamos essa transição, todo o nosso estado de consciência sofre uma mudança, porque agora, ao invés de procurar a saúde no corpo, nossa visão está na Consciência. A Consciência não está encerrada no corpo. A Consciência é, na verdade, Onipresença, jamais confinada ao tempo ou ao espaço. Portanto, no momento em que, de qualquer parte do mundo, vierem a nós em busca de saúde, e fecharmos os olhos para compreender a Onipresença, podemos estar certos de que nosso paciente receberá os benefícios do tratamento. Existe apenas um Ser, e Deus é esse Ser.

Quanto mais convivermos com isso, menos nos voltaremos para o corpo, e tantos menos anos nos restarão de nossas dores e mazelas. Em verdade, nunca estamos separados de nossa saúde, bens ou felicidade, plenitude e perfeição.

Podemos desfrutar de relações humanas, certamente, mas nunca devemos ser tão dependentes delas que uma ausência das mesmas venha a partir-nos o coração. Uma vez que alguém realiza a transição para um ponto em que descobre sua plenitude na Consciência, toda a natureza de sua vida muda. Não existem vácuos na Consciência: existe apenas o ir e vir da cena humana, como cumprimento da atividade da Consciência. Quando nossa experiência doméstica é a atividade da Consciência se desdobrando, encontramos uma completa continuidade de harmonia.

Até que estejamos prontos para ela, essa transição de encontrar nossa plenitude na Consciência e não no homem, no corpo ou na bolsa, é difícil. Devemos lembrar-nos continuamente disto:

Encontro a harmonia de ser em minha consciência, e é a harmonia do meu corpo e das minhas relações humanas.

Este tema deveria constituir-se na matéria de uma meditação de hora em hora, até aquele momento da transição de um estado de consciência para outro, quando possamos dizer, "Até aqui fui cego, agora enxergo".[13]

Ser capazes de fechar os olhos, nos desligar de todas as pessoas e perceber que nosso bem e nossa companhia estão na Consciência significaria que, ao abrir os olhos, encontrar-nos-íamos em presença daqueles que são necessários à nossa experiência. Como Deus constitui nossa consciência, e Deus constitui a consciência de cada indivíduo na face da terra, somos um com todo mundo. Antes, porém, a experiência humana tem de ser apagada. Não podemos enfrentar um problema ao nível do problema.

Encontrar nosso bem na Consciência que somos é operar uma tal mudança na consciência individual que, pouco a pouco durante um certo período de tempo, nos encontraríamos numa consciência toda nova, e veríamos nossa vida transformada e em plano mais elevado.

Tudo o que Deus é, eu sou. Tudo o que Deus tem é meu, pois eu e o Pai somos um. Todo este universo está corporificado em minha consciência — os céus acima, a terra embaixo, as águas e tudo o que neles está contido — porque Deus constitui minha consciência individual.

Minha consciência encarna a plenitude do Ser Supremo. Minha consciência é a lei que rege minha prosperidade e minha saúde. Minha consciência engloba todas as atividades da inteligência, orientação e direção.

A infinita plenitude de Deus é minha. Em minha unicidade com Deus, eu sou tudo.

---

[13] João, 9, 25.

A compreensão da unicidade é nossa garantia de integridade e perfeição, e atua no sentido de romper os laços humanos da dependência de uma pessoa, lugar ou coisa. Numa experiência após outra, transferimos nossa confiança ou fé, do efeito para a Causa. Quebramos nossa dependência do "homem, cujo alento está nas narinas".[14]

Com cada aparência de discórdia, alçamos imediatamente nosso pensamento em meditação:

Encontro minha unicidade na Consciência que é Causa, não na matéria ou no efeito. Recorro à Causa para obter minha paz, minha plenitude, minha satisfação e meu júbilo, e eles tornam-se manifestos em forma tangível.

Todos os dias, tomamos a decisão de viver na Consciência, de encontrar nossa saúde e nosso bem material na Consciência, e só na Consciência. Depois disso, nos desprendemos dela e a deixamos descansar, mas num momento qualquer, mais tarde naquele mesmo dia, lembrar-nos-emos outra vez de que estamos buscando nosso bem na Consciência onipresente. À medida em que persistimos nisso, fazemos aproximar-se mais o dia em que ocorre a transição na consciência. Daí, não há mais afirmações ou declarações: existe apenas, então, o viver dela.

Isto não pode ser explicado a ninguém, e, principalmente, não temos direito nenhum de tentar explicá-lo. Esta é uma experiência a ser vivida, mas nunca a ser discorrida, porque a mente humana jamais conseguiria compreender o que queremos dizer com uma transição de consciência.

---

[14] Isaías, 2, 22.

6

A Mente Imbuída da Verdade

A mente é um instrumento de percepção. Através da mente podemos conhecer e perceber pessoas, coisas e idéias. Com a mente, nós raciocinamos; com a mente, nós pensamos. O ser humano pode adquirir controle de sua mente se estiver disposto a estudar e praticar para obter esse domínio; e pode usar sua mente para raciocínio, para pensamento ou para propósito contemplativo. Mas é o ser humano que está *usando* a mente e, portanto, a mente deve ser instrumento ou efeito; não pode ser causa.

Existe um Eu por trás da mente. Existe um Eu que pensa através da mente e raciocina com a mente. Em outras palavras, existe um Eu que usa a mente. Portanto, esse Eu é maior do que a mente.

Através da instrumentalidade da mente podemos ter pensamentos bons ou pensamentos maus; podemos praticar ações boas ou ações más. A mente pode ter percepção do bem ou do mal. Porém, se a mente é criadora de pensamento e pode criar pensamentos bons tanto quanto maus, então com certeza Deus não é mente. Como poderia a mente ser Deus, se a mente pode ser instrumento tanto do bem

87

quanto do mal? Deus é puro demais para contemplar iniqüidade. Deus é luz; nEle absolutamente não existe treva; e, quando penetramos além da mente, não estamos no reino do bem, nem no reino do mal; estamos no reino do Ser puro.

Ter recebido iluminação em qualquer grau é ter revelado dentro de nosso próprio ser a verdade de que Deus é o bem — não o bem *e o mal*; o bem! Deus é amor — não amor *e* ódio, apenas amor! Deus é vida — não vida *e* morte, apenas vida! Deus é um só e não existe dualidade de Deus, nem existem nEle pares de opostos. Uma vez obtida iluminação, estamos vivendo além dos pares de opostos, em uma consciência nem de bem, nem de mal. Nesse estado de consciência, não podemos ser bons e não podemos ser maus; apenas podemos ser. O sol não é bom ou mau; o sol só pode brilhar. Se ficarmos sob o sol durante duração de tempo adequada, o efeito sobre nós é bom, mas, se nos expusermos a ele por tempo demais e sofrermos queimaduras graves, o efeito é mau. O sol é bom ou mau? O sol não pode ser bom ou mau; apenas pode ser o sol.

A mente como transparência

Quando transcendemos o pensamento e atingimos aquela consciência que é uma atitude de ouvir, a mente está incondicionada. Em seu estado puro incondicionado, ela não é instrumento do bem, nem do mal; é instrumento só do Espírito e, como tal, será o instrumento para revelar harmonia. Onde havia doença, haverá saúde; onde havia medo, haverá vida; onde havia possibilidade de acidente, haverá harmonia, segurança e firmeza.

Quanto maior a capacidade de meditar, isto é, de sentar em estado de receptividade sem que ocorra pensamento consciente, mais perto chegamos do ponto onde não fazemos bem, nem mal, mas somos um instrumento através do qual a harmonia é revelada mesmo onde havia discórdia.

Enquanto estamos funcionando no plano de pensamento, pensamento pode ser usado para curar ou abençoar, mas nunca nos esqueçamos de que, por ser a mente um instrumento que pode ser usado para o bem ou para o mal, existem no nível de pensamento aqueles que podem usar suas mentes para o mal, se assim decidirem.

A mente em seu estado incondicionado é o instrumento através do qual atingimos a percepção de Deus. A mente, livre de pensamento humano pessoal, a mente incondicionada, torna-se uma transparência clara, através da qual o Espírito passa a ser evidente para nós. Em nosso presente estado de ser, a mente tem função muito importante em nossa vida e, quanto mais pura pudermos conservá-la, maior grau de harmonia traremos para nossa experiência.

Alimentando a mente

"Conservarás em perpétua paz aquele cuja mente está firmada", não sobre obscenidade, vulgaridade e destrutividade, mas "sobre ti".[1] A mente imbuída de verdade é uma lei de harmonia para nós próprios e para quem quer que esteja dentro do alcance de nosso pensamento. A mente, nossa mente, imbuída de verdade é uma lei de aniquilamento da discórdia e desarmonia.

A ordem é: "Escolhei!"[2] Se acordamos de manhã, saltamos da cama, tomamos um banho de chuveiro, fazemos nossa primeira refeição, saímos correndo para os negócios ou para o mercado e depois nos retiramos sem pensamento em Deus, a mente está desprovida de verdade espiritual. Basta ler os jornais diários para vermos como é a vida humana quando a mente não está imbuída de verdade espiritual. Como seres humanos, vivemos em um universo dual; o bem pode nos acontecer hoje e o mal amanhã; abundância pode ser nossa experiência hoje e carência no ano que vem. Tudo pode acontecer; é acertar ou errar, casualidade, acidente, esperteza, tantas outras coisas, sobre as quais aparentemente não temos o menor controle.

Aqueles que ainda não foram levados para qualquer das abordagens metafísicas ou espirituais da vida, muitas vezes não têm controle sobre suas mentes e não são capazes de decidir o que lerão ou o que pensarão. Talvez seja por isso que o Mestre disse: "Porque os pobres sempre os tendes convosco"[3], os pobres de espírito, aqueles que não têm capacidade ou conhecimento do aspecto espiritual da vida e, por isso, passam toda sua vida na selva da experiência humana.

---

[1] Isaías, 26, 3.
[2] Josué, 24, 15.
[3] Mateus, 26, 11.

Os frutos de uma mente imbuída da verdade

Como é diferente a vida do estudante do Caminho Infinito, que aprendeu a despertar de manhã e trazer imediatamente à percepção consciente a presença de Deus, e que, durante todo o dia, segue um programa para manter a mente fixada em Deus, reconhecendo-o em todos os seus modos; em todos os modos, desde o despertar pela manhã até o retirar-se à noite, e mesmo no meio da noite, meditando e sendo renovado, não pelo sono, mas pela comunhão com o Espírito.

Quando consciência e mente estão imbuídas de verdade, quando fazemos de Deus parte de nossos dias e nossas noites, gradualmente as experiências errôneas de vida humana começam a desaparecer. A princípio, os estudantes perguntam às vezes a si próprios que benefícios estão experimentando como resultado dessa comunhão com Deus, até quando se lembram como foram poucos os dias de trabalho que perderam por motivo de doença, como foram poucos os dólares que tiveram de gastar em assistência médica, medicamentos e hospitalização ou como sua renda permaneceu estável em tempos de tensão econômica ou mesmo em espiral ascendente. Provavelmente esperavam alguma espécie de demonstração espetacular, alguma espécie de milagre caído do céu, mas a vida espiritual não é assim.

Vida espiritual é "morrer diariamente" para o sentido carnal da vida; é livrar-se, afastar-se da materialidade e fisicalidade, e chegar gradualmente à percepção espiritual com resultante harmonia no plano exterior. Qualquer estudante que tenha estado na senda espiritual, mesmo por tempo tão curto quanto três anos, deve perceber alguma mudança em sua consciência e provavelmente alguma mudança para melhor em sua experiência exterior. Isso está ali; deve estar ali.

A mente imbuída de verdade, a mente que mantém verdade na consciência deve com o tempo descobrir que uma nova consciência está sendo formada e, quando uma nova consciência é formada, um novo corpo é formado. No sentido humano da vida, o corpo é um instrumento que pode ser usado para o bem ou para o mal. É instrumento da pessoa que o possui e pode ser usado destrutivamente, nocivamente, ofensivamente ou pecaminosamente; mas quando conservamos a mente cheia de verdade espiritual, então não há possibilidade de o mal governar o corpo. É só quando abrimos nossa mente ao mal que pode haver efeitos maus sobre o corpo.

A mente também é um instrumento. Podemos usá-la de qualquer maneira que escolhermos até certo ponto. Com a mente, podemos nos harmoniar com Deus. Por outro lado, podemos abrir nossa mente para ler histórias de detetives, para assistir a filmes de *cow-boy* na televisão ou outras frivolidades. A razão disso é termos uma mente sobre a qual exercemos controle e podermos escolher o que vai passar por aquela mente.

A mente não é um poder por si só; a mente é um instrumento. Podemos encher nossa mente com verdade e provar que a verdade que tomamos na mente externaliza-se como condições harmoniosas. Da mesma maneira, podemos aceitar o mal em nossa mente e fazer dele um poder em nossa vida, não que ele tenha poder por si só, mas porque permitimos que ele tenha poder pela nossa aceitação dele.

A mente é um instrumento que usamos para qualquer propósito que quisermos. Existem pessoas que desejam compor música e abrem a mente para receber a melodia. Há outras pessoas que desejam pintar quadros e abrem a mente para receber a arte sob aquela forma. Ainda outras desejam ser inventores e abrem a mente para receber novas invenções e descobertas.

Existe um "você" e existe sua mente. Sua mente não é boa, nem má: é um instrumento e cabe a você escolher o que vai receber em sua mente. Cabe a cada um de nós tomar essa decisão. Se descobrirmos que Deus é onipresença, decidiremos comungar com Deus de manhã, no meio do dia e à noite, e descobriremos que essa comunhão pode ser tão aprazível, tão frutífera e tão benéfica que não teremos prazer em comungar com coisa alguma de natureza má neste mundo. Conservaremos a mente harmonizada com a verdade lendo livros de verdade. Conservaremos a mente cheia da percepção espiritual da presença de Deus e da compreensão da falta de poder de tudo que não seja Deus. Os dias e as noites serão dados a Deus.

A mente é a substância do corpo

Em anos recentes, naturalistas anunciaram sua grande descoberta científica de que a mente é a substância da matéria. Isso apõe o selo oficial da Ciência ao que já era há anos conhecido pelos metafísicos.

O que cientistas farão com o conhecimento de que a mente é efetivamente a substância da matéria não temos meio de predizer, mas quando essa descoberta tornar-se mais difundida talvez haja resultados muito surpreendentes. Durante muitos anos, metafísicos fizeram uso desse conhecimento em seu trabalho de cura, mas nos anos futuros ele será de importância para o mundo de maneiras desconhecidas no presente.

Uma vez compreendido que a mente é a substância da matéria, será compreendida a passagem da Escritura: "Porque o que semeia para sua própria carne, da carne colherá corrupção; mas o que semeia para o Espírito, do Espírito colherá vida eterna".[4] Em outras palavras, mente nublada pela ignorância de verdade espiritual produz um corpo de pecado, doença, velhice e morte. Mente imbuída de verdade espiritual produz um corpo de harmonia. Isto porque não existe mente *e* corpo: a mente é a substância do corpo e, portanto, a verdade espiritual que recebemos na mente produz um corpo de harmonia. Por outro lado, receber na mente sensualidade, lascívia, ódio, ciúme e inveja produz no corpo sua própria imagem e semelhança porque a mente é a substância do corpo.

Isso não quer dizer que há uma causa separada e apartada de Deus. Quer dizer que, quando aceitamos emoções negativas no nível humano de vida, aceitamos também a crença humana a respeito delas como causa de condições discordantes no corpo. Assim, se persistirmos em nos aferrar aos conceitos mundanos, só poderemos demonstrar os conceitos do mundo. Por isso, devemos escolher já a quem serviremos.

A mente imbuída de verdade torna-se substância, atividade e lei de corpo harmonioso. Portanto, no grau em que mantemos verdade espiritual em nossa consciência, oramos sem cessar, conservamos a palavra de Deus viva na consciência e percebemos que dentro de nós está o filho de Deus, nesse grau estamos construindo para nós um corpo que é na verdade o templo de Deus.

"Acaso não sabeis que vosso corpo é santuário do Espírito Santo?"[5] *É*, mas quando conservamos nossa mente cheia de Deus, com a compreensão de que Deus é a substância, lei e atividade de nosso ser. Quando a conservamos cheia com a verdade da presença de Deus e

---

[4] Gálatas, 6, 8.
[5] 1ª Coríntios, 6, 19.

poder de Deus, a mente fica tão imbuída de verdade que o corpo se torna uma exibição daquele estado mental.

O corpo está expressando neste minuto nosso estado mental presente e, se continuarmos a viver de acordo com o modo de pensar do mundo, aceitando as crenças do mundo, o corpo exibirá setenta anos, oitenta ou mais. E isso pode não ser particularmente bonito! Se continuarmos, porém, a manter a percepção do Cristo como nossa verdadeira identidade, esta verdade aparecerá externamente como um corpo sadio e como atividade corporal normal, e hão haverá razão para que o corpo esteja desgastado aos setenta, setenta e cinco ou oitenta anos.

O corpo é a exposição de nosso estado de consciência e o que será aquela exposição só nós podemos determinar. Só aqueles instruídos na verdade espiritual podem fazer isso. Aqueles que vivem pelos padrões "deste mundo" não podem fazê-lo, porque acreditam que existem poderes externos a eles atuando sobre eles. Aceitam a crença mundana de que o clima, o tempo, a idade, o pecado ou algum outro fator está tendo algum efeito sobre eles, quando a única coisa que está acontecendo é sua aceitação da crença universal em um poder apartado de Deus.

Quando abandonarmos a idolatria e nos apegarmos à verdade de que só Deus é a atividade de mente e ser, e a substância do corpo, exibiremos rapidamente uma condição mudada de corpo, um corpo mais harmonioso, mais útil e mais vital.

Isto é igualmente verdade no que se refere à mente. De acordo com a crença mundana, a mente declina junto com o corpo. Uma das tragédias desta época é o número de pessoas com mentes vivamente desenvolvidas e ativas, que poderiam prestar significativas contribuições, mas que, ao invés disso, se aposentam aos sessenta e cinco anos. É verdade que existem muitas pessoas de sessenta e cinco ou setenta anos cujas mentes deixaram de funcionar ativamente, mas isso por falta de uso ou porque elas aceitaram a crença de que estão velhas demais. Elas se entregaram.

Não é preciso que isso se aproxime de nossa morada. A cada ano que vivermos na terra, nossa mente tornar-se-á mais madura, mais ativa e dotada de mais sabedoria, se recorrermos à Fonte infinita que existe dentro de nós e, acima de todas as coisas, percebermos que Deus constitui nosso ser e que Ele é a medida de nosso ser.

93

Descondicionando a mente

Como a mente expressa tudo quanto nela colocamos, se a conservarmos cheia de Deus, ela se expressará como bem no corpo. A mente é a substância, ou a essência, de que o corpo é formado e é por essa razão que, se recebemos verdade na mente, experimentamos harmonia no corpo. Se recebermos mal, discórdia e pecado na mente, expressaremos essas coisas no corpo. Tudo quanto aceitamos na mente o corpo manifesta. A mente propriamente é pura; o corpo propriamente é puro; mas é a espécie de alimento que recebemos em nossa mente que determina a natureza da mente e do corpo. "Não só de pão viverá o homem, mas de toda palavra que procede da boca de Deus."[6] Quanto mais alimentamos a mente com a palavra de Deus, mais harmonioso se torna o corpo.

No momento em que procuramos um praticante para obter ajuda, tudo quanto está ocorrendo em sua mente torna-se lei no corpo e, se o praticante enche sua mente com Deus, harmonia aparece no corpo. Isto se aplica mesmo a nossos animais de estimação. A quantidade de horas em que conservamos a mente cheia de verdade determina como eles serão pacíficos e harmoniosos. Professores que são estudiosos do Caminho Infinito descobriram que seus alunos reagem à verdade mantida na mente do mestre e que o trabalho escolar dos alunos melhora, tanto quanto suas atitudes e seu comportamento.

Isto se aplica também a nossos lares. O grau em que a verdade está incorporada em nossas mentes ou na mente de alguma pessoa no lar é que governa a conduta de todos aqueles que entram na vida da família. Por outro lado, se continuarmos a ver os membros de nossa família como eles parecem humanamente ser, isto é, se continuarmos a proceder mal, isso fará com que surja neles aquilo que estamos vendo. A situação mudará, porém, quando pudermos aprender a ignorar a aparência e lembrar que Deus constitui a mente, ser e corpo individuais. Qualquer má aparência pertence àquela vasta ilusão mental do nada.

Um pouco de prática constante dessa natureza revelará como tudo quanto chega ao alcance de nossa consciência é mudado. A responsabilidade recai sobre nossos ombros. O ensinamento está nas Escrituras, mas nada pode fazer por nós, exceto na medida em que o

---

[6] Mateus, 4, 4.

incorporamos à nossa vida. Esta é na realidade uma prática para a vida inteira e ler literatura do Caminho Infinito ou falar como ela é bonita de nada adiantará.

Depois de entrar na senda espiritual e atingir certo grau de iluminação, nós não temos mais a capacidade de pensar mal, fazer mal ou desejar mal; e, por isso, experimentamos muito pouco mal e o pouco que experimentamos temos meios de enfrentar.

A mente é, portanto, um instrumento e, enchendo-a de verdade, nós produzimos harmonia. Desprovida de verdade, nós produzimos um pouco de bem e um pouco de mal ou muito bem e muito mal. Quando está descondicionada, a mente é o instrumento de Deus, o meio pelo qual Deus se manifesta a nós.

Chegamos então a um lugar onde absolutamente não usamos a mente, nem para o bem, nem para o mal. A mente torna-se um instrumento para Deus e nós não a usamos: colocamo-la à disposição de Deus. Nós a entregamos: não pensamos bem e não pensamos mal; não planejamos bem e não planejamos mal. Nós nos mantemos em uma atitude de ouvir, como um compositor esperando ouvir aquelas melodias silenciosas. Quando nos mantemos assim afinados com a verdade espiritual, a verdade flui para dentro e essa verdade manifesta-se no plano humano em idéias necessárias para nossa experiência, idéias que são sempre divinas, incapazes de serem usadas para o mal.

Todo nosso trabalho volta-se para alcançar aquela mente que estava em Cristo Jesus. Aquela não é uma mente que pensa, não é uma mente que raciocina, embora em nossas atividades humanas cotidianas pensemos e raciocinemos. A principal função da mente, porém, é ser uma avenida de percepção, um instrumento pelo qual nos tornamos cônscios da presença de Deus. É então a mente transcendental ou descondicionada.

Nós não temos uma mente humana *e* uma mente espiritual. Só temos mente. Só existe uma mente. Isso é tudo quanto existe e se a conservamos em estado descondicionado, nós nos tornamos sujeitos ao Espírito. Se a usamos das maneiras humanas costumeiras, podemos usá-la para o bem ou para o mal; mas quando atingimos consciência espiritual, usamos a mente inteiramente para propósitos do bem. À medida que avançamos, chegamos àquele lugar onde nossa intenção não é fazer bem ou mal; nossa intenção é apenas que Deus possa usar a mente como instrumento para Sua expressão.

DETRÁS DO PÚLPITO

Chegou-nos há não muito tempo uma carta de um de nossos estudantes, membro de família respeitável e abastada, seguidora de uma religião ortodoxa e muito boa gente. Uma terrível tragédia atingira aquela família e foi feita a seguinte pergunta: "Como pôde uma coisa dessas acontecer a nós?"

Existe algum de nossos estudantes que não saiba qual é a resposta? Se tem dúvida quanto à resposta para aquela pergunta, então você não está estudando objetivamente as Escrituras, porque não há um livro, uma fita ou uma *Carta* mensal que não contenha a resposta. Se há uma coisa que estudantes do Caminho Infinito sabem e sabem que sabem é a razão de erro. Se nada mais saber, isso eles sabem. E, se existe alguém em dúvida quanto a esse assunto, não está estudando seriamente a Mensagem. Talvez a esteja lendo, mas lendo-a com emoção ou sentimento, não com discernimento.

Mesmo a leitura mais casual revela a verdade como foi exposta por Paulo: "O homem natural não aceita as coisas do Espírito de Deus".[7] O homem natural nunca está sob a lei de Deus, nem protegido por Deus, nem mantido ou sustentado por Deus. Naquela passagem é encontrada a história da raça humana. Aquela declaração explica por que alguns se tornam ditadores, enquanto outros se tornam carneiros levados ao matadouro. Quando lê a história da ascensão de um Mussolini ou Hitler ao poder, você logo compreende que não havia Deus algum na terra para proteger pessoas ou interceder por elas. Da mesma maneira, se ler a história inicial dos Estados Unidos e da ascensão ao poder dos barões salteadores e de suas imposturas e fraudes, você não poderá deixar de perguntar: "Onde estava Deus em tudo isso?"

Assim, se o Caminho Infinito nada mais lhe deu, certamente lhe deu a razão pela qual iniqüidades e injustiças existem na terra. Forneceu também um meio para vencê-las, mas nesta época cabe ao indivíduo fazer isso. Qualquer indivíduo pode libertar-se de todos os poderes e influências exteriores pela clara compreensão e aplicação dos princípios do Caminho Infinito. Mas só quando essa prática estiver mais disseminada do que agora é que essa consciência poderá mudar o mundo. No presente, estamos operando no nível de consciên-

---

[7] 1ª Coríntios, 2, 14.

cia individual. Não podemos entrar na consciência deste mundo e forçar as pessoas deste mundo a serem livres; elas precisam primeiro ser abertas a isso. Aqueles que não estão abertos para ajuda espiritual não a recebem com freqüência, embora alguns a recebam porque interiormente gritam por ela, embora exteriormente estejam resistindo e lutando.

Todo problema que se apresenta a você ou a mim representa algum grau de nossa incapacidade de viver sob a lei de Deus. Isto não deve ser tomado como crítica, julgamento ou condenação. Todo grau de humanidade que existe ainda em nós não existe por causa de nosso desejo, mas por causa de nossa incapacidade de ser diferentes do que somos. Nós próprios, porém, devemos reconhecer que todo problema é uma oportunidade. Livrar-nos de uma doença, de uma deficiência ou de uma limitação não nos avançaria um passo espiritualmente, a menos que com isso adquiríssemos compreensão dos princípios envolvidos. Mais cedo ou mais tarde precisamos pôr de lado tudo de natureza física ou material sob cuja dependência nos colocamos. Se continuarmos a nos contentar só com abundância material ou só com saúde, um dia seremos despojados delas. Precisamos renascer em percepção espiritual.

Todo problema com que nos defrontamos pode ser resolvido, mas a solução cabe em grande parte a nós. Mesmo se pedirmos ajuda a um praticante, isso não nos livrará da necessidade de chegar à compreensão da verdade, porque, a menos que haja uma mudança de consciência e nós próprios alcancemos uma consciência da verdade, haverá recorrência da discórdia.

Antes de tudo, é necessário conhecer a natureza de Deus. Isto realmente significa saber que, qualquer que tenha sido, ou mesmo que talvez ainda seja, nosso conceito de Deus, ele está errado. É fé em um Deus desconhecido que adoramos ignorantemente. Por mais elevado que seja o conceito, é ainda um conceito. Oportunamente, precisamos perder todos os conceitos, chegar à consciência de que Deus é e depois deixar de lado o assunto, porque com a mente nós nunca chegaremos a saber o que é Deus.

Todos os problemas que enfrentamos em nossa experiência são baseados na lei de causa e efeito. O que semearmos, colheremos. Se aceitamos a crença mundana de que existe poder em pessoa, lugar ou coisa, estamos semeando corrupção. Enquanto damos poder à forma ou depositamos confiança em qualquer coisa no quadro exterior, estamos semeando a carne. Estamos semeando a carne se tememos algo no mundo externo da forma, seja pensamento ou coisa. Venceremos a lei de causa e efeito na proporção de nossa compreensão sobre esse ponto. Não nos leva isso de volta à verdade de que o reino de Deus, o reino de poder, está dentro de nós? E, se ele está dentro de nós, não precisamos temer coisa alguma ou pessoa alguma.

A prece ortodoxa para que a lei de causa e efeito seja posta de lado é fútil. Não há Deus que possa mudar a lei de causa e efeito. Não há Deus que possa pôr de lado a lei da estupidez. A questão está dentro de nós. O Mestre colocou-a em nosso colo. "Conhecereis a verdade e a verdade vos libertará."[8] A verdade é que Deus está em Seu céu e tudo está bem. Não mudamos a lei: mudamos a nós próprios.

Existe um adágio segundo o qual quando deixamos de perseguir alguma coisa ela vem até nós. Assim também a própria coisa que tememos e de que estamos tentando fugir se apega a nós, mas se não pusermos amor, ódio ou medo na coisa, estaremos livres dela. Esta é a lei de causa e efeito.

Todos os conceitos tradicionais de Deus mandam-nos pedir a Deus alguma coisa e essa é a barreira que nos impede de obtê-la. Muitas de nossas lições do Caminho Infinito são baseadas no princípio de perceber Deus. O caminho para isso é soltar Deus. Lutar para pegar Deus é criar uma barreira. Deus está dirigindo este universo, mas não porque influenciamos Deus a vir até nós ou ir até nosso próximo. Podemos, porém, influenciar a nós próprios ou a nosso próximo para ir até Deus. Nós somos os únicos que podemos anular a lei de causa e efeito. Começamos a fazer isso no momento em que reconhecemos que Deus nada tem a ver com o bem ou o mal de nossa experiência, quando soltamos Deus e passamos nosso tempo percebendo que superar nossos problemas é superar a lei de causa e efeito. A responsabilidade está diretamente sobre nossos ombros.

A razão pela qual a lei de causa e efeito continua a atuar em nossa consciência é darmos poder a essa lei. Devemos voltar à compreensão de que Deus nos deu domínio e que não existe poder fora de nós. Isso anula a lei de causa e efeito e deve ser a base de nosso trabalho.

Então todo problema se transforma em uma oportunidade que podemos enfrentar, senão continuará a nos perturbar. O mal é que desejamos ficar como estamos e também conseguir que a lei de Deus faça alguma coisa por nós. Mas a única maneira de nos beneficiarmos

---

[8] João, 8, 32.

da lei de Deus é mudar nossa natureza. Amamos, odiamos ou teme-mos alguma coisa no exterior? Isto não quer dizer que deixemos de nos amarmos uns aos outros ou amar nosso inimigo. O amor que es-tou pedindo a vocês que abandonem é aquele que cria dependência ou esperança em relação a alguma pessoa. Em outras palavras, preci-samos voltar para dentro de nós.

Deus nos deu domínio. "Eu e o Pai somos um."[9] Basta apenas que reconheçamos Sua presença e Ele se põe a trabalhar. Reconhece-mos poder espiritual e deixamos que ele funcione. Nós não usamos o poder do sol: simplesmente deixamos que ele brilhe. Não procura-mos meios de usar poder espiritual: deixamos que ele nos use. O reino de Deus está dentro de nós. Nessa palavra, nós repousamos. En-tão Ele executa Suas funções.

Se nossos estudantes compreendessem *The Thundher of Silence*[10], não haveria necessidade de aulas do Caminho Infinito. Espero que vocês estudem de novo esse livro e descubram o que está oculto em suas páginas. É um livro radical. Faz explodir conceitos sobre Deus que foram construídos através dos séculos.

Minha esperança para vocês é que cheguem a um ponto onde não tenham coisa alguma em que se sustentar, senão o Nada, nem uma coisa, nem um pensamento. Deus está funcionando e, se alguma coisa de Deus não se manifesta, a culpa é nossa. Nós não nos livra-mos suficientemente da dependência em relação a pessoas ou coisas e não vimos que a lei de causa e efeito continuará a atuar porque não percebemos sua falta de poder. Nada é poder, mas pensamento faz com que o seja. Na medida em que percebemos a herança de domí-nio que nos foi dada por Deus, nós ficamos livres da lei de causa e efeito.

Pedir coisas a Deus teve sua origem no paganismo, quando as pes-soas do mundo procuravam descobrir algum poder sobrenatural, e este conceito perpetuou-se até hoje sob as formas de oração. A maio-ria dos ensinamentos religiosos continua a acreditar em um Deus ao qual podemos pedir coisas e isso geralmente se externaliza em carên-cia. Nosso pedido deve ser para a percepção de uma Presença dentro de nós, para a percepção de nossa unicidade com Ela.

A grande verdade é que não precisamos daquilo de que parece-mos precisar. O que precisamos é da percepção de Deus e é só disso

---

[9] João, 10, 30.
[10] Do autor (Nova York: Harper and Row, 1962; Londres: George Allen and Unwin, 1961).

que precisamos. Atingindo a presença de Deus, pecados, carência e doença revelam-se como não-presença. "Onde está o Espírito do Senhor aí há liberdade."[11] Onde Deus está, já há liberdade. Deus percebido é a consecução da luz, em cuja presença não há trevas e em cuja presença há liberdade, abundância e realização. A graça de Deus é nossa suficiência em todas as coisas; não dinheiro, investimentos ou saúde, só a Sua graça.

Comecemos a enfrentar nossos problemas sem desejo de nos livrarmos deles e sem temor deles, reconhecendo que existe um erro que estamos procurando, mas que existe também uma solução. Se pudermos encarar o problema como uma oportunidade, nossa prece será para que não abandonemos esse problema até obtermos a verdade existente por trás dele.

Resolvemos nossos problemas compreendendo que Deus é. Assim, mostremo-nos dispostos a deixar que Deus dirija seu Universo, enquanto nós voltamos nossa atenção para nós próprios. Percebamos que nossos problemas são criados por uma lei de causa e efeito, e depois percebamos a falta de poder daquela lei cármica, segundo a qual aquilo que semearmos colheremos. Lei cármica é a crença em dois poderes e é uma crença universal, mas superar essa crença é uma experiência individual. Ninguém pode fazer isso por nós.

Só existe na realidade um poder e esse poder está incorporado em nossa consciência. Assim sendo, se estamos doentes, podemos ir dormir e acordar bons. A consciência nunca dorme, por isso o sono pode ser um repouso pacífico na compreensão de que Consciência é o único poder e nada que atue fora da Consciência é capaz de nos afetar. Alguém me escreveu recentemente pedindo uma palavra de encorajamento para conservá-lo na Senda. É impossível fazê-lo, pois a menos que alguma coisa empurre uma pessoa, ela não pode permanecer na Senda, que é reta e estreita. Só se aquele impulso interior estiver presente é que podemos permanecer firmes quando vem a tentação. Quanto mais avançamos nessa Senda, mais tentações encontramos. Ninguém escapa delas. É por essa razão que o impulso dentro de nós precisa ser maior que a inércia humana.

Um problema não é tão profundo quanto parece porque um problema, em si e por si, não tem poder algum. O único poder é a crença universal a respeito dele. Quanto mais problemas encontramos,

---

[11] 2ª Coríntios, 3, 17.

100

menos poder tem cada problema sucessivo, até chegarmos oportunamente àquele lugar onde um problema é apenas uma aparência e não desperta reação alguma em nós.

Agora deve estar claro que problemas só existem por causa de nossa ignorância da verdade. Todo aquele que procura Deus para solução de seus problemas está perpetuando o problema, porque Deus não é um poder que possa ser usado. O poder é a percepção da impotência da aparência.

7

Vivendo a Filiação Divina

A palavra "consciência" resume o ensinamento do Caminho Infinito. Aquilo de que estamos conscientes é que atua em nossa experiência. "Conhecereis a verdade"[1] e então a verdade funcionará como lei. "Retirai-vos do meio deles, separai-vos"[2] — abandonai ignorância e superstição.

O Caminho Infinito ensina que só existe um poder e que nós nunca devemos usar um poder contra outro ou nos proteger de um poder. Nossa proteção é a compreensão de nosso Eu como único poder. Quando fazemos a declaração de que Deus é o único poder, a menos que percebamos que o Deus de que estamos falando é o *Eu* de nosso próprio ser, podemos ser levados à falsa esperança de que existe no espaço algum Deus capaz de prevalecer para nos proteger. Não existe um Deus assim.

Não existe Deus algum protegendo quem quer que seja porque não existe coisa alguma de que ser protegido. Se queremos ser livres,

---

[1] João, 8, 32.
[2] 2ª Coríntios, 6, 17.

temos que deixar "este mundo" e entrar no reino de Deus. Só na proporção em que podemos reconhecer a natureza impessoal e universal do erro e depois percebê-lo como um não-poder, só então estamos protegidos, e só então podemos executar o trabalho curativo.

Não existe Deus e doença. Só existe Deus e tudo quanto nos acontece como pecado, doença, carência ou limitação é aparência. O reconhecimento desta verdade destrói a aparência.

Deus constitui o ser individual

"Conhecereis a verdade e a verdade vos libertará."[3] Na presença de Deus, existe liberdade. Naquela Presença, não existe entidade chamada pecado, doença ou falso apetite. Nós não os curamos: eles são conceitos ilusórios, mas os conceitos ilusórios estão sempre na mente. Não existe ilusão externalizada. Quando conhecemos a verdade, o conceito ilusório vai-se, mas nada vai realmente com ele. Pecado e carência não vão a parte alguma. Nós meramente provamos que não estavam lá.

É neste ponto que muitos metafísicos perdem seu rumo. Eles acreditam que Deus é uma espécie de poder que vão usar contra o erro. Não é assim. O poder de Deus em uma pessoa está na proporção direta da compreensão que aquela pessoa tem de que Deus constitui ser individual, que está sempre funcionando, que nunca precisa ser usado e que certamente nunca precisa ser enviado à Sra. Brown ou à Sra. Smith. A verdade é sempre a qualidade de É, a qualidade de Eu, Ser divino como ser individual, e tudo o mais é ilusão dos sentidos. No momento em que começamos a lutar com a ilusão, perdemos a causa. Se continuarmos discutindo com a aparência, continuaremos a ser envolvidos nela. Não é por força ou poder, mas pela verdade da qualidade de É.

Seguir a ordem do Mestre e não resistir ao mal, só isso seria suficiente para transformar nossa vida. Jesus deve ter discernido que o mal não tem poder, que nada é bom ou mau, mas o pensamento faz com que o seja. Não é *nosso* pensamento, porém, e quando um praticante acusa seu paciente de estar pensando errado, ele

---

[3] João, 8, 32.

é um *mau* praticante. O pensamento é a crença universal e essa crença nós individualmente temos o poder de corrigir.

Todo indivíduo é constituído de Deus e qualquer desarmonia que aparente é devida à crença em dois poderes. Isto é conhecer a verdade. É necessário perceber que o lugar onde estamos é chão sagrado porque Deus constitui nosso ser — apesar das aparências. Essa é a verdade que é luz e, nessa luz, não extistem trevas.

Ao enfrentar cada novo dia, devemos perceber que estamos enfrentando as crenças universais do mundo e que elas devem ser anuladas por esta compreensão:

> *Deus constitui o ser individual. Além de Deus, não existe outro e qualquer crença em um poder apartado de Deus é ilusão mental. O lugar onde eu estou é chão sagrado.*

Nos tempos antigos, os homens acreditavam em Deus e no diabo. Depois os filósofos, recusando aceitar Deus e o diabo, impessoalizaram essas formas e chamaram-nas bem e mal. Os metafísicos posteriores mantiveram essa dualidade, substituindo-a pelos termos "mortal" e "imortal". Ainda tinham Deus e o diabo. Mas existe apenas Deus e o que aparece como Satã ou diabo é o sentido ilusório, o nada. Quando sabemos isso, estamos firmes sobre o Rochedo.

Não apenas o princípio de um poder é de grande importância, mas deve ser entendido que aquele poder não é algo externo a você. Aquele poder é o seu Eu, a sua identidade. Não sendo assim, novamente há dualidade: Deus e você. Não, Deus está aparecendo *como* você; Deus está-Se manifestando *como* você; Deus está-Se expressando *como* você: você não se está expressando como Deus. Apesar de toda aparência em contrário, essa é uma verdade universal.

Não separe seu corpo de Deus

Assim como não existe Deus e você, não existe Espírito e matéria. Acreditar em Espírito e matéria é dualidade. Quando, através da mente descondicionada, você é capaz de ver que o Espírito é a substância de todo ser, você não tem um poder atuando sobre outro; você tem Espírito como a única substância, aparecendo sob forma harmoniosa e espiritual.

Se entender este ponto, você perceberá por que saúde não está dentro ou fora do corpo. Saúde está no Espírito manifestado *como* corpo. O corpo é forma e nele não há saúde. A saúde do corpo é a saúde do Espírito. Assim, enquanto não procurar o Espírito para obter saúde, harmonia e inteligência, você estará procurando fora do lugar. Inteligência é Onipresença, tanto quanto saúde, porque tanto inteligência quanto saúde são qualidades e atividades do Espírito. O Espírito criativo do homem e seu corpo.

Grande parte dos ensinamentos orientais erram o alvo porque os seguidores desses ensinamentos consideram o corpo como matéria e eles próprios como Espírito. Separar Espírito de corpo seria como nos separar de Deus. O corpo não é uma ilusão. O conceito mortal de corpo é a ilusão, mas o corpo propriamente dito é o templo do Deus vivo. Tem sua origem em Deus. Seja o que *for* o corpo — e lembre-se que não podemos ver o corpo — nós o levamos a todo lugar onde vamos.

Nunca devemos permitir que nos separemos de Deus em qualquer sentido. Deus deve funcionar em todos os caminhos da vida. Reconhece-o em todos os teus caminhos, e ele endireitará as tuas veredas."[4] Se deixarmos Deus fora de qualquer de nossos caminhos, inclusive nosso corpo, nós nos separaremos em crença de Deus e então essa crença nos governará. Deus é onipresença. Deus constitui nosso ser e nosso corpo, pois não há senão um corpo.

Negócios sob a jurisdição de Deus

A lei de Deus que governa o universo deve governar nossas atividades tanto quanto nosso corpo, senão algo estaria fora da jurisdição da lei de Deus. Quando nos apegarmos à noção de que a lei de Deus é a lei de nossos negócios, tudo quanto está errado será corrigido.

Todos no mundo são afetados de alguma maneira por negócios e, de acordo com o Caminho Infinito, o "meio certo" de fazer negócios está na base da Regra de Ouro.

Quando John Wanamaker, de Filadélfia, começou a vender mercadorias por um só preço para todos foi uma fuga radical à pratica

---

[4] Provérbios, 3, 6.

prevalecente de regatear o preço de um artigo. A princípio, isso criou grandes dificuldades para aquele comerciante pioneiro. Os fregueses olhavam as etiquetas de preço e depois começavam a pechinchar. Quando eram informados de que não haveria pechincha, muitos iam embora. Mas esse sistema de preço único, considerado revolucionário na época em que foi introduzido, em 1871, obteve tanto sucesso que atuou como incentivo para outros comerciantes. Muitos anos depois, em uma das pedras angulares da loja Wanamaker em Filadélfia, foram inscritas as seguintes palavras do próprio John Wanamaker, palavras cuja substância havia sido o princípio orientador sobre o qual se fundara seu negócio:

Que aqueles que me seguem continuem a construir com o prumo da honra, o nível da verdade e o esquadro da integridade, educação, cortesia e mutualidade.

Quanto mais de acordo com princípios espirituais for realizado um negócio, mais justo e equitativo será. Da maneira como são realizados hoje, os negócios na maioria dos casos estão muito longe da ética da Regra de Ouro. Selvagem competição é a regra. Os preços estão sendo manipulados em tantas centenas de maneiras que muito poucas pessoas pagam preço justo pelas mercadorias que compram; ou pagam demais ou pagam de menos.

Embora individualmente comerciantes possam tentar conduzir seus negócios de acordo com princípios espirituais, talvez não sejam capazes de fazê-lo na plena medida em que vislumbram aqueles princípios. Contudo, se colocarem conscientemente seus negócios sob a lei de Deus, gradualmente porão cada vez mais em execução aquela lei.

Devemos saber conscientemente que a lei de Deus é a lei de nossos negócios, de nossa saúde, de nossa casa. Aquilo que tomamos em nossa consciência torna-se lei em nossa experiência. A salvação é individual. Para nos libertar da lei universal, devemos abraçar a verdade e isso significa "morrer diariamente". Cada dia temos que fazer da verdade parte de nossa consciência.

Esta senda não é o caminho de um homem preguiçoso, porque nós nos defrontamos continuamente com aparências, as aparências de crença universal, e cada dia somos chamados a rejeitá-las como ilusão e substituí-las pela verdade.

Espírito é a lei para mim e no Espírito eu encontro integralidade. Encontro minha plenitude no Espírito e a plenitude do Espírito constitui a plenitude de meu corpo e meus negócios.

Humanamente, nós somos o homem da terra, feito de crenças universais. Mas, a partir do momento de nossa primeira experiência metafísica, fazemos uma transição do homem da terra para o homem que tem seu ser em Cristo. Em nossa filiação, encontramos nossa abundância. Em nossa filiação, somos herdeiros de Deus. Mas a transição precisa ser uma experiência consciente.

Conscientemente, sei que Eu e o Pai somos um, que as quantidades e qualidades de Deus constituem meu ser individual. Conscientemente, sei que meu Deus está no Cristo de meu ser.

Submissão

Espiritualmente, nós vivemos em Deus. Muitos de nós experimentamos o poder apoiador e sustentador de Deus. Em uma doença mortal, um período de privações ou algum problema de relações humanas, chegamos a um lugar em nossa vida onde não há ajuda material. Nossas costas estão contra a parede. Não há recurso humano a que apelar; não há caminho humano para sair de nosso dilema. Ficamos parados e dizemos: "Deus, tens que tomar conta. Se não me socorreres, estarei perdido". Com isso, há um sentimento de submissão, a compreensão completa de que nada há que possamos fazer sozinhos. Não existe lugar para onde se voltar nessa situação determinada. Quando isso acontece, Alguma Coisa toma conta e muitas vezes ocorre uma cura espiritual. Dessa maneira, descobrimos que Deus é realmente acessível.

A submissão, ou desistência para que Deus possa tomar conta, não precisa esperar até chegarmos a um ponto de desespero. A qualquer momento, podemos concordar em que nós sozinhos não estamos fazendo muito sucesso na vida, que humanamente não estamos indo bem, que não estamos alcançando nossa meta final ou encontrando aquela "paz... que excede todo o entendimento".[5]

---

[5] Filipenses, 4, 7.

Podemos chegar a um ponto de submissão na compreensão de que Deus *é* e, acima de tudo, de que Deus é onipresente, que existe um Espírito no homem, *o* Espírito, maior do que tudo quanto há no mundo. Através de meditação contemplativa,[6] podemos nos levar até um lugar onde percebemos que, seja qual for a natureza do Deus que mantém o universo em sua órbita, seja qual for a natureza dessa lei, Ser ou Poder, Ele é Espírito.

A vida está no Espírito

A fonte de nosso bem é esse Espírito invisível, que na realidade somos nós. Espírito não é um Deus desconhecido. Espírito é real e tangível, "mais próximo... do que respiração e mais perto do que mãos e pés". Nós vivemos nEle e Ele vive em nós, governando tudo aquilo que é parte de nossa experiência, não só durante esta vida, mas durante todas as vidas futuras.

No Espírito, encontramos nossa paz, a espécie de paz que só Deus pode dar, e Deus pode dá-la quer tenhamos ou não saúde e suprimento; mas quando recebemos esta *Minha* paz, nós temos saúde, temos suprimento e temos felicidade. Mas, novamente, se não conhecemos conscientemente essa verdade, ela não pode nos libertar. Conscientemente, nós temos que fazer a transição. Precisamos conhecer a verdade e nosso conhecimento precisa ser um ato concreto.

Existe a crença universal de que a vida depende do corpo, mas a transição para a consciência espiritual revela que vida é filiação divina, não um pedaço de matéria. A verdade é:

Minha vida está em Deus e é de Deus, oculta em filiação espiritual. Minha vida é eterna porque eu sou filho de Deus, feito da mesma substância que Deus, Espírito. Minha vida não está à mercê da matéria de forma alguma. Minha vida é Espírito e vive no Espírito sob a lei espiritual.

---

[6] Para mais ampla exposição deste assunto, ver *The Contemplative Life*, do autor (Nova York, The Julian Press, 1963).

Se é um problema de suprimento, a verdade de nossa relação com Deus também se aplica:

Meu suprimento não está em dinheiro, mas no Espírito que eu sou. Todo o suprimento de que eu precisarei na eternidade está no Espírito, em minha filiação com Deus.

Podemos tomar qualquer situação em nossa experiência e aplicar o mesmo princípio:

Como ser humano, eu sou um ramo que é cortado, que murcha e morre. Mas reconheço que em toda e qualquer situação eu sou um com o pai. Meu corpo e meu suprimento, ambos dependem de minha relação com Deus.

Encontro justiça no Espírito, na Consciência, na vida que eu sou. Justiça está encarnada e incorporada em meu ser. Ninguém pode dar ou tomar justiça. Ela é inerente a minha filiação espiritual com Deus e o próprio fato de isso ser universalmente verdadeiro e todos os homens serem espiritualmente filhos de Deus assegura-me justiça.

Quando vivemos do ponto de vista de descobrir nossa plenitude, integralidade e perfeição no Espírito, chegamos oportunamente a um lugar onde toda responsabilidade cai de nossos ombros e nós ficamos sabendo conscientemente que Deus está vivendo nossa vida. Chegamos a um lugar de repouso e relaxamento, onde repousamos, nos relaxamos e deixamos que pensamentos venham até nós, ao invés de tentar criá-los. "Porque os meus pensamentos não são os vossos pensamentos, nem os vossos caminhos os meus caminhos."[7] Então entreguemos nossos pensamentos e nossos caminhos e ouçamos a voz fraca e baixa:

Eu vivo no Espírito e o Espírito vive em mim. Só lei espiritual me governa e me controla. Eu não tenho pensamento para lei material ou mental. Eu percebo sempre a natureza infinita da lei espiritual.

Deus nunca nos rejeita. É por ignorância que nós nos colocamos fora do governo de Deus, mas por um ato de nossa própria consciência podemos retornar à casa do Pai, podemos voltar a viver. Quando

---

[7] Isaías, 55, 8.

voltamos para o Pai, quando entregamos nosso pequeno eu, descobrimos o Mestre, porque o Mestre é a Consciência, o filho de Deus, que é nossa identidade real incorporada dentro de cada pessoa.

Por isso, quando entregamos nosso pequeno eu na compreensão de nossa nulidade, naquele momento o Mestre é onipresente para tomar conta de nossa vida. Nunca podemos, porém, ter idéia de como o Cristo funcionará em nossa experiência. Submissão significa rendição total para que Deus possa efetuar Seus milagres em nossa experiência. Não pode haver delineamento em nosso pensamento. Não podemos funcionar na maneira humana de pensar. Precisamos ser conscientes em nossa rendição. Precisamos ser espectadores e observar como o Espírito vai à nossa frente para abrir caminho.

Vida não é uma questão de corpo, mas de Espírito. Vida não é vivida no corpo ou através do corpo, mas no Espírito e através do Espírito. Eu vivo, me movo e tenho meu ser no Espírito, não no corpo ou em contas bancárias.

Lei espiritual governa minha vida, mente, corpo e ser. Toda faceta de minha vida é governada pelo Espírito. Eu não penso em minha vida; eu observo Deus em ação.

Este é um caminho de vida. Esta é uma transição, mas devemos fazer conscientemente a transição, percebendo que nossa vida, nosso suprimento, nossas companhias e nossas relações estão no Espírito e são do Espírito, não de leis médicas, jurídicas ou econômicas. Assim, estamos tirando nossa vida do sentido material e colocando-a no lugar que lhe cabe, em consciência espiritual.

As questões de vida estão no Espírito, não na matéria. Algumas pessoas vivem como se vida dependesse de alimentação, tempo ou clima, como se suprimento fosse determinado por períodos de prosperidade ou períodos de depressão. O filho de Deus não é governado por esses fatores humanos porque o filho de Deus não é humano, mas espiritual, e depende apenas de lei espiritual, governo espiritual e substância espiritual.

O novo nascimento

É difícil fazer a transição entre encontrar saúde no corpo e encontrar saúde na filiação divina ou entre depender de suprimento por um salário ou por investimentos e encontrar suprimento na filiação espiritual. É tão difícil fazer a transição entre encontrar nosso bem no mundo e encontrar nosso bem em Deus, que o Mestre disse: "Estreita é a porta e apertado o caminho que conduz para a vida, e são poucos os que acertam com ela".[8]

Nós nascemos em consciência mortal ou humana e, porque assim nascemos, presumiu-se que responderíamos a leis materiais. Mas agora estamos no processo de "morrer" para aquela consciência e renascer em outra consciência. Nesse novo nascimento ou nova consciência, descobrimos que somos iguais à vista de Deus e iguais à vista uns dos outros. Não existe preto ou branco; não existe alto ou baixo; não existe grande ou pequeno; não existe moço ou velho; não existe rico ou pobre. Afirmar que somos melhores do que outros é tolice. Somos todos prole espiritual e somos todos iguais em nossa filiação conjunta com relação a todas as riquezas celestiais. Todos aqueles que conhecem a verdade são ungidos por Deus, ou Israel. Israel significa filhos de Deus e os filhos de Deus podem ser de qualquer raça ou religião, quando chegam à compreensão que são um com o Pai. Então somos todos irmãos.

Nesse novo nascimento, precisamos superar a crença em que Deus recompensa bondade e que Ele pune nossos erros. Isso é difícil porque durante anos a maioria de nós carregou pesos de culpa e é difícil aceitar a verdade de que nosso bem depende apenas de nossa relação com Deus e que nossa relação existe, quer sejamos bons ou maus. Nenhum crime, nenhuma questão por mais séria que seja poderia romper aquela relação de unicidade. Não existem dois; só existe um. "Eu e o Pai somos um[9]... Meu filho, tu sempre estás comigo; tudo o que é meu é teu."[10] Isso não quer dizer *se, e* ou *mas*. Quer dizer inequivocamente que nós somos um com Deus.

Estabelecemos agora em nossa consciência nossa verdadeira relação com Deus. Depois, quando surge um problema, seja de doença, falso apetite, pecado ou carência, percebemos que nossa harmonia depende apenas de nossa relação com nossa Fonte. Essa é a verdade que, se a conhecermos, nos libertará. Mas precisamos conhecê-la até o ponto de convicção. Precisamos saber que o bem, em uma quantidade que vai ao infinito, é nosso por causa de nossa unicidade com

---

[8] Mateus, 7, 14.
[9] João, 10, 30.
[10] Lucas, 15, 31.

o Pai. Quando sabemos isso realmente, sejam quais forem as tentações que se nos apresentem, nós respondemos: "Não, eu encontro meu bem em minha relação com Deus, em minha filiação divina. Minha saúde não está em meu corpo, mas em minha filiação. Minha inteligência não está em meu cérebro, mas em minha filiação. Minha companhia não está em homens e mulheres, mas em minha filiação divina.".

Nós estamos, portanto, na companhia de todos aqueles que no mundo também reconhecem sua filiação. Encontramos nossa companhia em Deus graças a nossa relação com Deus. Por mais sozinhos que pareçamos estar, estamos interiormente acompanhados e é por isso que não podemos sentir uma perda ou vazio, porque não existe tal coisa.

Isso mudará toda nossa maneira de encarar a vida. Não viveremos mais nossa vida por pensamento correto ou por tratamento. Gozaremos a harmonia de nosso ser pelo direito de filiação divina e abordaremos cada problema desse ponto de vista. Nada temos a fazer em relação ao problema depois de reconhecermos nossa filiação divina. Não pensamos na vida externa. Agora deixamos que o maná oculto tenha expressão. Que significa o maná oculto senão a infinidade de bem que podemos nunca ter visto, ouvido, saboreado, tocado ou cheirado, mas que está guardado dentro de nós e que sabemos estar lá por causa de nossa filiação divina?

Por causa do mesmerismo do mundo, pode-nos parecer que está faltando alguma coisa e essa sensação de falta pode apresentar-se como tentação a todos nós. Mas nunca devemos culpar Deus ou quem quer que seja por uma falta temporária de demonstração. Tudo quanto somos, somos por causa de nosso atual estado de consciência e, quando a falta de alguma coisa se torna aparente, não cabe a nós culpar alguém ou alguma coisa no mundo, mas antes ir ao interior e perceber que toda sensação de falta é devida a nossa incapacidade de apreender a verdade de que o mundo inteiro é nosso em virtude de nossa filiação. O mesmerismo do mundo apresentarnos-á essas tentações e por isso precisamos deixar de acreditar em dois poderes e reconhecer que "ao Senhor pertence a terra e tudo o que nela se contém",[11] isto é, tudo o que temos em nós, não por causa de nosso valor, mas por causa de filiação divina.

---

[11] Salmos, 24, 1.

Reivindicar nosso bem sem compreender que nosso bem é nosso só por causa de uma relação divina seria alimentar o ego e o ego não deve ser alimentado. Quando sabemos que Deus é Espírito e que tudo quanto Deus é nós somos, então a perfeição de Deus é a perfeição de nosso ser individual. Quando alguma coisa nos tenta, então podemos afastar nosso olhar do mundo com esta compreensão:

Aqui, dentro de mim, mais próximo do que a respiração, está meu contato com infinito, com eternidade, com imortalidade. Eu sou tão jovem quanto Deus, mas sou também tão velho quanto Deus. Todas as qualidades e todas as quantidades de Deus são minhas por herança divina.

Nós não dividimos o bem celestial entre nós. Nós todos herdamos tudo quanto o Pai tem. Deus é Espírito e não pode ser dividido ou cortado em pedaços.

Não podemos procurar ou culpar "o homem cujo fôlego está no seu nariz"[12], não podemos mais temer o que o homem mortal possa nos fazer. Mas só quando estamos mantendo nossa relação correta com Deus podemos fazer declarações como essa. Só quando podemos dizer que nenhuma das armas formadas contra nós prosperará.

Tudo isso nos permite tirar nosso olhar de nossa vida em meditação na Interioridade, viver mais períodos de nossa vida em meditação e contemplação interiores, porque, quando os problemas do mundo nos tocam, precisamos da lembrança de que nenhum homem no mundo pode nos dar coisa alguma e nenhum homem no mundo pode tomar coisa alguma de nós. Nós só vivemos em nossa relação com Deus. Não vivemos dentro do mundo ou para o mundo. Estamos em Deus e Deus está em nós, pois nós somos um — Deus, o Pai, e Deus, o Filho. O Filho nunca está separado e apartado de Deus.

Este ponto de filiação, corretamente entendido, nos deixa completamente livres do mundo porque tudo é nosso por direito de filiação. Viver nessa consciência é que produz harmonia, mas significa *viver* nela. Isso promove uma transição do homem da terra para o homem que encontra seu bem em sua qualidade de Cristo, como herdeiro de Deus. Nossa relação com Deus foi estabelecida no começo e é nossa por direito divino. Isso revela também a necessidade de

---

[12] Isaías, 2, 22.

não viver no passado e não viver no futuro, porque viver no passado ou no futuro é viver na qualidade humana. Só aqui e agora podemos encontrar nosso bem em nossa qualidade de Cristo.

Por mais que tentemos viver nossa qualidade de Cristo, sobrevirão tentações. Estas podem vir em qualquer período de nosso progresso espiritual. Mas quando vêm, precisamos estar alertas e ser capazes de dizer: "Para trás, Satanás. Isto é uma aparência e não um fato. Meu bem está em minha filiação".

Esta verdade deve ser guardada como algo secreto, assim como algo sagrado, porque se a manifestarmos nós a entortaremos. A única vez em que somos chamados a manifestar a verdade é quando encontramos alguém bem adiantado ao longo da Senda. Então podemos partilhá-la, mas só então. Nunca devemos esquecer que verdade espiritual não deve ser colocada diante da mente humana. Deve ser mantida secreta e sagrada, e só manifestada quando estamos com alguém que a receberá com o mesmo espírito de segredo e santidade.

DETRÁS DO PÚLPITO

Neste capítulo, foi apresentado um princípio que deveria mudar a natureza de sua vida. Cabe, porém, a você a responsabilidade de promover essa mudança. Cabe a você praticar esse princípio, trabalhar com ele e meditar sobre ele até ser capaz de demonstrá-lo.

Compreenda conscientemente que saúde, suprimento, felicidade e paz estão em Deus. Comece a trabalhar com este princípio de modo que toda vez que pensar em saúde, seja para si próprio ou para alguma outra pessoa, você perceba que saúde está no Espírito, não no corpo. Depois deixe-o de lado. Quando se defrontar com qualquer discórdia, seja sua própria ou de alguma outra pessoa, compreenda que a resposta para o problema reside no Espírito.

Com o tempo, você descobrirá que fez uma transição completa para um lugar onde vive no Espírito e do Espírito, e o Espírito vive em você e de você, por causa da unicidade. Colocando todas as questões da vida no Espírito, ocorre em sua vida um ajustamento que levará à fruição espiritual.

Mas eu preciso acautelá-lo. À primeira vista, parece que, quando alcança aquela meta, você pode simplesmente deitar-se e flutuar de um lado para outro com o equivalente humano de asas ou uma harpa, mas isso não é verdade. Como a meta é imortalidade, eternidade e infinito, o verdadeiro prazer está na consecução.

Enquanto você residir na terra, haverá consecuções mais altas à frente. Haverá sempre um novo horizonte pairando a distância, um novo passo a ser dado — e este é o prazer da vida. Na realidade, o ego pode tirar muito pouco prazer desse modo espiritual da vida porque nunca é seu conhecimento pessoal que produz a demonstração de paz e harmonia. É o conhecimento de Deus. Quanto mais você avança, menor se torna sua qualidade humana. O auge de consecução é atingido na "anulação" de sentido pessoal, a fim de que o espírito possa viver em você.

Trabalhe com os princípios encontrados neste capítulo, compreendendo que você mesmo deve fazer a transição. Seu professor pode elevá-lo em consciência, mas você tem a mesma inteligência infinita que ele e a mesma quantidade de amor divino — só que precisa fazer uso deles. Só você pode elevar-se cada vez mais nessa transição e isso só por trabalho consciente e específico. A função do professor é: "E eu, quando for levantado da terra, atrairei todos a mim mesmo".[13] Mas o professor não pode levar o estudante ao céu. Foi isso que o Mestre quis dizer quando falou: "Se eu não for, o Consolador não virá para vós outros".[14] O mesmo acontecerá com você, se você não deixar o professor elevá-lo até o ponto onde possa dizer: "Deixai que o Pai faça o trabalho através de mim e como eu".

Como não pensa em sua vida, você recebe proteção divina e Graça divina. É preciso uma rendição do eu para que você possa receber a sabedoria e atividade no interior. Depois você descobrirá que isso o torna muito ativo no mundo exterior, dando-lhe trabalho mais do que suficiente para fazer.

Estes grandes princípios do Caminho Infinito podem ser encontrados em todas as Escrituras, mas só são de valor para você quando se tornam ativos e vivos em você. A verdade que você não conhece não vai libertá-lo. O grau em que você incorpora verdade em sua consciência é que torna você livre.

---

[13] João, 12, 32.
[14] João, 16, 7.

NOTAS DO HAVAÍ
MAIO DE 1963

Em praticamente toda correspondência, eu recebo pedidos de estudantes que desejam que eu dê ajuda a um amigo ou parente, sem nenhuma indicação de que o amigo ou parente tem algum desejo de ajuda espiritual. Este pedido, naturalmente, estudantes não deveriam fazer porque não é nossa função ou nosso direito dar ajuda àqueles que não a desejam. A única exceção a esta regra é quanto a crianças que não teriam meios de fazer uma escolha ou quanto àqueles mentalmente incapazes ou àqueles que estão doentes e talvez sem capacidade para pedir ajuda. Nestes casos, o parente mais próximo pode pedir ajuda por eles.

A razão disto é que pedir ajuda para uma pessoa que não expressa especificamente o desejo de recebê-la pode interferir em sua liberdade. Liberdade é nossa mais cara possessão e ninguém tem o direito de tomá-la de nós. Se meu desejo é de cura espiritual, portanto, eu não dou a ninguém o direito de me impor um remédio médico contra o meu desejo ou sem meu conhecimento. Por outro lado, se meu desejo é de cura por matéria médica, então eu me ressentiria profundamente se alguém tentasse privar-me de minha liberdade e impor-me ajuda espiritual. Por dar tanto valor a minha liberdade, eu nunca privarei conscientemente alguém de sua liberdade. Por essa razão é que se pede a nossos praticantes que dêem ajuda somente quando uma pessoa a solicita especificamente ou quando a pessoa mais próxima do paciente a pede no caso de o próprio paciente estar incapacitado de fazê-lo.

Há muitas pessoas que, por bondade de seu coração, desejam ver seus semelhantes curados, sem perceber que podem estar-lhes fazendo uma grave injustiça, ao interferir sem ser chamados em seu direito de viver ou morrer de acordo com seus próprios padrões de vida.

Nos tempos presentes, quando tantas de nossas liberdades estão sendo cerceadas, cabe a nós, como estudantes do Caminho Infinito, sermos ciosos de nossa liberdade e não permitir a ninguém nos roubar a liberdade que Deus nos deu; mas, a fim de merecê-la e preservá-la, devemos estar igualmente alertas para conceder a cada um sua liberdade e sua capacidade de agir livremente.

The Contemplative Life foi publicado pela Julian Press, de Nova York, *Practicing the Presence* foi impresso em francês, em Paris —

nosso segundo livro em francês. Cinco títulos estão agora publicados em alemão e a *Carta* mensal é encontrada em edições britânicas e alemãs.

Nos últimos anos, temos tido a alegria de observar a consciência de estudantes do Caminho Infinito desenvolver-se até alguns deles serem chamados para lecionar e fazer palestras. Isto alegra nosso coração. Eu literalmente viajo com esses professores, porque meu coração e minha alma estão com eles e com nossos estudantes em toda parte. Durante dezessete anos, levei a mensagem do Caminho Infinito ao redor do mundo muitas vezes e, agora, que alegria ver que Deus fez crescer a semente!

Nossos professores, tal como nossos escritos, só podem abençoar você na medida em que você abrir sua consciência a eles. Professores e livros não têm por si próprios o poder de influenciar ou abençoar sua vida, mas sua receptividade provoca a resposta. Como podemos ser ainda mais receptivos? Orai constantemente pela percepção da graça de Deus.

8

Além das Palavras e dos Pensamentos

Religião é coisa do coração e, no entanto, sem algum conhecimento específico dos princípios básicos de um ensinamento religioso, conhecimento de qual deve ser uma atividade da mente, é impossível ter plena e completa vida religiosa. É possível encontrar a vida religiosa em uma igreja, mas ter vida espiritual não depende de igreja e existem muitas pessoas religiosas em lugares onde não há igrejas.

Religião é do coração e ninguém é religioso exceto na medida em que o coração o motiva. É por isso que se torna impossível dar religião ou instinto religioso a uma pessoa. Trata-se de algo que ocorre dentro de um indivíduo quando ele está pronto para a experiência espiritual ou, como dizem no Oriente, quando está "maduro".

Pode-se ter esse instinto religioso e segui-lo, sem contudo realizar-se, até que certos princípios da vida religiosa sejam revelados de uma maneira ou outra, princípios que tornam possível obter iluminação, realização e aquela paz que transcende conhecimento. Nos escritos do Caminho Infinito são expostos muitos princípios de vida. Nenhum de nós pode demonstrar todos eles, mas se vivermos com eles e usá-los em meditação, aqueles necessários a nossa experiência revelar-se-ão a nós.

Geralmente transcorrem vários anos depois de termos recebido uma idéia ou princípio espiritual, antes que ele se torne parte de nós e antes que possamos demonstrá-lo. Isso acontece com todo mundo. Ouvimos um princípio espiritual ser exposto e lemos a respeito dele. De fato, nós o lemos vezes e vezes, nós o ouvimos em gravações de fita ou em palestras ou aulas, e por causa dessa leitura e audição pensamos conhecê-lo e perguntamos a nós mesmos por que não podemos demonstrá-lo. Isso é normal, natural e aplica-se a todos nós.

Mesmo princípios que passaram por minha consciência e por meus lábios não se tornaram realmente meus senão vários anos depois. Não se registraram em grau demonstrável quando me foram revelados pela primeira vez e, às vezes, só anos depois eu pude dizer: "Eu era cego e agora vejo".[1] Enquanto antes eu podia expressá-lo, agora ele está incorporado como parte de mim. Agora eu posso vivê-lo.

Deixe que a natureza de Deus se revele em meditação

Se lhe ensinaram desde a infância que, se você fosse bom, Deus o recompensaria e, se você não fosse bom, de acordo com determinados padrões estabelecidos por seus pais, por seus professores ou pela igreja, Deus o puniria, você pensa sequer por um momento que lhe significaria alguma coisa abrir um livro do Caminho Infinito e ler que Deus é puro demais para contemplar iniqüidade? Não, seriam necessários anos e anos de estudo para que surgisse a compreensão de que Deus não recompensa ou pune. Por isso, tempo é um elemento em nosso avanço espiritual. Quantos anos nós lemos literatura metafísica e ainda nos dirigimos a Deus a fim de pedir algo para nós ou para alguma outra pessoa, como se precisássemos dizer-lhe como e onde conferir Suas bênçãos? São necessários anos de leitura do Caminho Infinito antes que aquela espécie de imagem de Deus possa ser removida de nossa mente e sejamos capazes de aceitar o conceito superior de Deus como Inteligência onisciente.

Qualquer palavra ou pensamento que você tenha em mente e que descreva Deus é simplesmente uma imagem em sua mente, uma imagem de Deus que você próprio criou ou que alguma outra pessoa criou para você. Isso nunca é Deus. Não há idéia que você possa ter de Deus que seja Deus, porque sempre a idéia continua sendo uma criação do pensamento — não o Criador. Antes de ter apagado de seu pensamento toda imagem de Deus que já teve — todo pensamento, todo conceito — você não pode ter a percepção do verdadeiro Deus. Você estaria apenas indo de imagem para imagem, de conceito para conceito, sem nunca chegar a Deus.

Paulo, falando aos hebreus, cujo conceito de Deus era o de um grande poder e um poderoso guerreiro, referiu-se ao Deus desconhecido que eles estavam adorando ignorantemente. Paulo sabia que essa imagem era falsa porque havia recebido sua própria percepção de Deus em um raio cegante dentro de si próprio. Deus revela-Se ao homem quando o homem tem em seu coração aquilo que o impulsiona a procurar Deus, quando ele aprende a ficar suficientemente quieto para deixar Deus revelar-Se, como o fez a Moisés e a outros dos profetas hebreus, a Jesus, a João e a Paulo.

Conhecer Deus corretamente significa que você não deve ir ao "homem cujo fôlego está no seu nariz"[2] para obter um conhecimento de Deus. Mesmo um homem a quem você reverencia só pode falar-lhe daquilo que ele recebeu de dentro de si próprio e aquilo tem valor relativo para você. No final, todos nós precisamos ser "ensinados sobre Deus". No final, a única relação será aquela do homem com seu Criador, uma relação de unicidade.

Jesus chamou Deus "o Pai interior", mas quantos de nós neste mundo moderno sabemos o que Jesus queria dizer quando falou de Deus como Pai? Nenhum de nós tem a menor idéia do que o Pai celestial significa porque aquele Pai não tem a menor semelhança com um pai humano. Assim, a menos que compreendamos a verdadeira significação de Pai no sentido em que Jesus usou a palavra, quando falou de Deus como Pai, estamos meramente emitindo palavras.

Jesus falou de Deus como *Eu* e disse: "Eu sou o caminho",[3] querendo dizer que Deus é o caminho; "Eu sou o pão"[4], querendo dizer

---

[2] Isaías, 2, 22.
[3] João, 14, 6.
[4] João, 6, 35.

que Deus é o pão. Mas Jesus não quis dizer que ele era Deus: quis dizer que *Eu* é Deus, e isso é completamente diferente.

No Oriente, mais especialmente na Índia, pensa-se em Deus como o Eu e, como só existe um Eu, aquele Eu é o Eu de cada um de nós. É muito difícil entender isso, porque no momento em que dizemos "eu" pensamos em nossa identidade humana e o Eu com maiúscula não tem a menor relação com isso.

É por essa razão que seria bom se você usasse na meditação a palavra Deus e visse se é capaz de receber uma revelação do que é Deus. Talvez haja uma revelação dentro de você, que esclareça completamente o Eu, o Pai interior e o EU SOU. Se não, você receberá alguma outra revelação. Talvez não seja capaz de expressá-la, mas você mesmo terá tido uma experiência e então saberá.

Religião é do coração e não pode ser dada a alguém exceto na proporção de sua própria devoção e dedicação à busca. Não completaremos, porém, nossa viagem religiosa antes que, de uma maneira ou outra, duas importantes revelações atinjam nossa consciência.

A fim de atingir aquela mente que estava também em Cristo Jesus, torna-se necessário abandonar todas as imagens e conceitos de Deus e assentar-se até o reino de Deus revelar-Se e chegarmos, através de experiência, não por ler ou ouvir dizer, a saber além de qualquer dúvida que Deus é nosso ser divino, nossa própria vida, nossa própria Alma, nosso próprio Eu.

Ademais, não podemos atingi-la completamente, nem mesmo em certa medida, antes que de alguma maneira nos seja revelado que Deus não é um poder que destruirá nossos inimigos; Deus não é um poder que obedecerá a nossa vontade e curará nossas doenças ou perdoará nossos pecados. Como podemos chegar à unificação com um Deus sobre o qual temos tão pouco conhecimento?

Todos nós adiamos nossa experiência de Deus. Fazemo-lo por causa de ignorância ou porque fomos tão condicionados que não podemos soltar Deus com a compreensão de que Deus é onisciência e sabe tudo quanto existe para saber, que Deus é onipotência e não está combatendo contra qualquer outro poder, que Deus é onipresença e, portanto, não precisa ser chamado. Aceitar isso e acreditar nisso permite a quem procura chegar a uma atmosfera de receptividade.

A oração eficaz depende do entendimento da natureza de Deus

Quantas vezes tem sido ventilado em nosso trabalho que oração é uma atitude e uma altitude! Nada poderia estar mais longe da verda-

121

de do que precisarmos ter palavras e pensamentos a fim de ir até Deus. No entanto, quantos anos foram precisos para que pudéssemos aprender a orar sem palavras e sem pensamentos? Com o tempo, todo mundo precisa aprender isso. Caso contrário, não conheceremos Deus corretamente. Nisto também o tempo é um elemento.

Vezes e vezes, no Caminho Infinito são repetidas as palavras "Onisciência", "Onipotência" e "Onipresença". E provavelmente agora, quando vê essas palavras, você passa por elas apressadamente porque pensa que as conhece. Mas na realidade você absolutamente não as conhece: conhece apenas as palavras sem seu sentido interior. Quando sua significação surge, você pode fechar os olhos, porque quando compreende realmente aquelas três palavras você se torna uma receptividade ou transparência para Deus e então não desempenha na oração papel maior do que uma vidraça desempenha ao deixar o sol entrar em um aposento. A vidraça é meramente uma clara transparência.

Suponha que existisse aqui e agora uma ameaça de perigo vinda de qualquer direção — uma epidemia, uma ameaça de guerra ou qualquer outra catástrofe — e fôssemos pedir a alguém que orasse por nós. Saberia aquele alguém do que precisamos ou como Deus poderia nos salvar? É claro que não. Ninguém poderia saber de que maneira Deus nos salvaria.

Não está vendo você, portanto, que a oração eficaz seria fechar os olhos, abrir os ouvidos e deixar Deus entrar? Então Deus à Sua maneira misteriosa formaria a nuvem durante o dia ou a coluna de fogo durante a noite, abriria o Mar Vermelho ou lançaria uma proteção invisível sobre nós. Você não vê que a oração em seu sentido mais elevado é impossível para uma pessoa que não conhece a natureza de Deus e a natureza da relação do homem com Deus? Não vê que a única oração eficaz é saber que tudo aquilo que somos, Deus é — seja em um campo de batalha ou no meio de uma doença? Nós somos um com Deus e, abrindo a consciência, Deus pode passar.

Nossa atitude na oração deve ser aceitar um Deus de onipotência, onisciência e onipresença, estar dispostos a ficar quietos e ouvir a voz de Deus, deixar que a voz de Deus Se manifeste e depois ver a terra de erro derreter-se. Se nossa atitude sobre esse assunto de oração e Deus não for correta, porém, nós nos fecharemos à experiência de Deus.

Mas oração é também uma altitude porque, quando podemos abandonar mentalmente a esperança e a crença de que Deus vai fazer alguma coisa e ficar suficientemente quietos para deixar fluírem a

122

presença e o poder de Deus, já estamos em uma alta consciência. Deus é um poder no sentido de que Ele mantém e sustenta Seu reino espiritual e, no momento em que deixamos de pensar, o reino de Deus torna-se nossa experiência na terra. O reino de Deus vem à terra a qualquer tempo em que uma pessoa possa dispensar e soltar Deus com plena convicção e segurança:

Deus me deu expressão e eu estou sob a responsabilidade de Deus, não sob a minha. Nesta segurança, eu posso repousar, pois naquele momento, em certa medida, o reino de Deus vem à terra para mim.

Um milhar pode cair à minha esquerda e dez mil à minha direita, mas enquanto eu permanecer "no esconderijo do Altíssimo"[5], nenhum mal pode aproximar-se de minha consciência ou de minha morada. Nada pode tocar meu ser interior enquanto eu viver, não por força ou poder, não por pensar em minha vida, por combater o mal ou por esperar que Deus destruirá meus inimigos, mas pela graça de Deus. Eu repouso em quietude e confiança na certeza de que Deus é o Criador, o mantenedor e o sustentador de tudo quanto existe.

A atitude e a altitude da oração exigem completa humildade. Como os pensamentos de Deus não são nossos pensamentos e como os caminhos de Deus não são nossos caminhos, de que modo poderíamos ser autorizados a dar nossos pensamentos a Deus ou acreditar que nossos pensamentos têm qualquer peso sobre Deus? Existe alguma pessoa que já viveu, que esteja vivendo agora ou que venha a viver, capaz de conhecer os pensamentos de Deus ou os caminhos de Deus? Os pensamentos de Deus só podem ser revelados a nós ouvindo e depois podem ser implementados em ação, em efeito.

A doença não é mandada por Deus

A questão de cura espiritual é hoje de vital importância e está inseparavelmente relacionada com a natureza de Deus e a natureza da oração. Curadores evangélicos realizaram um começo nesta área e

---

[5] Salmos, 91, 1.

despertaram interesse pelo assunto, de modo que agora muitas das igrejas protestantes estão investigando a possibilidade de curar espiritualmente.

Muitas das pessoas sinceras e dedicadas empenhadas nessa atividade estão, porém, descobrindo que chegaram a um impasse. Isso porque não conhecem o princípio básico da cura espiritual e, até que alguém o revele a elas, serão incapazes de ir mais à frente. A maioria das tentativas de cura espiritual ainda está sendo feita na crença de que é Deus quem cura doença. Que falácia! Se Deus pudesse curar doença, não haveria uma única pessoa no mundo com doença, porque "Deus não discrimina pessoas"[6]. De fato, por causa de sua humildade e falta de farisaísmo, é muitas vezes mais fácil curar uma pessoa na prisão do que curar uma pessoa muito justa.

Deus não manda doença a ninguém. Deus não faz ninguém ser pecador, nem Ele em qualquer tempo ou por qualquer razão causa morte. Então qual é a causa das complicações do mundo? A crença em dois poderes. Essa crença foi revelada como causa de pecado e doença desde Adão e Eva e, quando compreendemos isso, nós temos o segredo da cura espiritual.

Aqueles que aceitam a crença em dois poderes, o poder do bem e o poder do mal, estão sujeitos a essa crença. A mente universal do homem sempre aceitou dois poderes e tentou "usar" Deus para destruir os poderes do mal. Mas como foram fúteis tais tentativas! Quando, porém, através da Graça divina, você pode aceitar a verdade de que a onipotência de Deus torna o mal uma impossibilidade, quando você pode olhar para qualquer condição de uma natureza errônea e saber que ela não é de Deus e portanto não tem poder, a imagem de dois poderes na mente universal evapora-se.

Cura espiritual ocorre quando o praticante ou ministro sabe: "Graças a Deus, isto não é mandado por Deus. Não é senão a 'arma da carne' ou nada. Existe apenas na mente universal do homem, que é formada de dois poderes". Mas não existem realmente dois poderes e, quando o reino de Deus chega a sua experiência individual, você descobre que as coisas ou pessoas que temia como sendo muito poderosas perderam o poder. Então você está no estado de consciência em que o carneiro deita com o leão.

Quando se encontrar diante de qualquer forma de pecado, doença, carência ou limitação, sua primeira reação deve ser: "Isto é uma

---

[6] Atos, 10, 34.

aparência e eu sei que é. Mas não é de Deus e eu sei disso também". Nesta segurança interior, você pode relaxar e repousar em paz interior. Humanamente, nós somos treinados e condicionados para reagir a aparências e temê-las. Mesmo após termos chegado a este caminho espiritual de vida e acreditado que estamos bem avançados na Senda, ainda sentimos tremores quando nos defrontamos com certas aparências. O próprio Mestre já se tornara uma luz espiritual quando teve a experiência das três tentações.

Do ponto de vista humano, é natural reagir a aparências e ninguém superou isso completamente, mas agora estamos aprendendo a "não julgar segundo a aparência"[7]. Quando surge a tentação de temer uma aparência, não tente afirmar ou declarar que você está fora dela. Pelo contrário, olhe diretamente para ela e depois reconheça consigo mesmo que está sendo tentado por uma aparência da mente carnal. Deus nunca teve um inimigo, seja na forma de pessoa ou de condição — em tempo nenhum. Podemos acreditar que temos inimigos, podemos temer as imagens da mente carnal; mas Deus é onipotência, onipresença e onisciência, além do que nada mais existe.

Por esta razão, é importante lembrar que Deus é a consciência da qual todo este universo é formado. Esta consciência de Deus, pura demais para contemplar iniqüidade, nada contém de destrutivo a Si própria e, portanto, nada de destrutivo ao homem, porque o homem é a emanação da consciência de Deus.

Se você vive, movimenta-se e tem seu ser na realização de Deus como Consciência, está vivendo no céu. O céu é sua terra e as leis do céu funcionam como as leis de sua terra. Contudo, se aceita bem e mal ou se acredita por um momento que Deus tem alguma pessoa escolhida, você perde tudo isso. Você precisa ver que atrás deste mundo de forma há uma Consciência invisível da qual é formado tudo quanto existe. Deus é a consciência universal, divina, e não pode haver exceções.

O dom de cura espiritual pode ser perdido se você acreditar que ele depende do que um indivíduo faz ou deixa de fazer. Curar não depende do que o homem faz: depende da percepção, pelo homem, da natureza de Deus e da natureza do erro. No momento em que encara qualquer condição humana como sendo punível por Deus ou não sujeita a Deus por qualquer razão, você perde o dom de curar. A

---

[7] João, 7, 24.

fim de curar, uma pessoa precisa ser capaz de introduzir na verdade tanto o santo quanto o pecador, tanto o iluminado quanto o ignorante.

Quanto maior a capacidade de relaxar na certeza de que Deus é realmente onipotência, onipresença e onisciência, maior será a capacidade de curar, porque a atitude e a altitude da consciência que abandona a crença em dois poderes são a atividade que restabelece harmonia.

A significação de fé

É importante para os estudantes do Caminho Infinito compreender a significação da palavra "fé". Podem fazê-lo se omitirem a palavra "em" depois da palavra "fé". A palavra "fé" é pervertida quando se torna fé *em* alguma coisa ou alguém, mesmo em Deus. Não pode haver fé *em* pessoa alguma ou coisa alguma, *em* conceito algum ou idéia alguma. A única fé verdadeira que existe é a fé que confia em Deus para dirigir Seu universo sem qualquer ajuda do homem. EU SOU não precisa de fé porque EU SOU mantém a si próprio e, portanto, não precisa de ajuda.

Depositar fé em qualquer coisa externa — uma pessoa ou coisa, uma idéia ou conceito — não é senão o oposto de ter medo de bombas, de germes ou do tempo. Não deve haver fé *em* coisa alguma ou pessoa alguma, assim como não deve haver medo *de* coisa alguma ou de pessoa alguma. Então você pode descansar na segurança do É.

No momento em que tem fé em uma coisa ou um pensamento, em uma idéia ou um conceito, você constrói um ídolo e depois precisa curvar-se e adorá-lo. Quando você fala em fé, não deve ser fé *em*. A princípio este tipo de fé exige um grau de coragem, porque significa que, enquanto houver quaisquer aparências negativas ou más, você precisará aprender a não temê-las e não pedir ajuda contra elas.

Quando você pede ajuda, a ajuda que está pedindo deve ser ajuda para ter a coragem de ignorar as aparências, embora você reconheça que existem aparências. Se pede ajuda para livrar-se das aparências, você está no sonho humano. A capacidade de afastar-se do medo está em proporção direta com sua fé, uma fé sem a palavra "em". Esta é uma idéia difícil de dar ou receber e você não pode recebê-la enquanto estiver tentando compreendê-la, porque a mente não pode apreender o intangível.

126

Em *The Cloud of Unknowing* [8], escrito no século XVI, o autor refere-se àquele estado de consciência em que você nada sabe. Sua mente não é um vácuo, mas está em repouso. É simplesmente um "desconhecer" e repousar, sem palavras e sem pensamentos. Quando é capaz de repousar nessa comunhão interior, sem palavras e sem pensamentos, você atinge a "nuvem de desconhecimento".

Você está então permanecendo em Deus; está comungando com o Espírito no interior; está unido aos santos e sábios de todos os tempos. O Mestre deve ter querido dizer isso quando falou: "Permanecei em mim" [9] — não permanecer em Jesus como pessoa, mas permanecer na consciência de Cristo. A única maneira pela qual você pode permanecer na consciência de Cristo é permanecer sem palavras ou pensamentos, sem fé em coisa alguma ou temor em coisa alguma. Repousar no Ser, simplesmente Ser.

Deus é ser, seu ser, mas no momento em que você tem pensamentos ou diz palavras, a menos que as palavras estejam sendo derramadas dentro de você e não pensadas por você, você tem Deus *e* você. Os pensamentos de Deus não são seus pensamentos. Por isso, a fim de receber os pensamentos de Deus, você precisa deixar de pensar. Os caminhos de Deus não são seus caminhos e você nunca conhecerá os caminhos dEle enquanto estiver tentando seguir seus próprios caminhos. Permaneça na consciência de Cristo, em sua consciência. Repouse em receptividade.

O mundo foi enganado pela crença de que existe em algum lugar um Deus para quem se pode rezar, um Deus a quem você pode pedir para fazer alguma coisa a você ou para você, ou um Deus que o recompensará. Este é um engano que todos nós sofremos ou estamos sofrendo. Você verá como é difícil a transição quando sentar-se para um momento de paz e compreender: "Eu tenho fé", e depois precisar deter-se exatamente ali. Fé? Fé em quê? Fé em quem? Por que razão? E você precisa recusar responder. Não pode haver fé em alguém ou alguma coisa, mas apenas fé que Ser é ser.

Você pode saber positivamente quando não está orando. Quando tem algum pensamento em sua mente deste mundo, você não está em oração. Mas quando é capaz de abandonar toda preocupação por este mundo e permanecer sem palavras ou pensamentos em sua

---

[8] *The Cloud of Unknowing,* trad. de Ira Progoff (Nova York: The Julian Press, 1961).

[9] João, 15, 4.

consciência interior, você está em oração e está em comunhão com a Fonte de ser. Isto tira Deus de sua mente e obriga-o a abandonar ídolos, os ídolos que homens formaram para si próprios e a que deram o nome de Deus.

Em Isaías, há passagens que advertem as pessoas para que não tenham fé em carros, cavalos e soldados. Vinte e cinco séculos depois, nossa fé não está mais neles, mas em aviões e bombas. Em outras palavras, nós simplesmente transferimos fé de uma coisa para outra, em lugar de permanecermos em fé pura — não fé *em*, não medo *de*, não liberdade *de*.

Quando chega a tentação de acreditar em dois poderes, você precisa negar tanto o mal quanto o bem a fim de permanecer em fé.

Não há bem nem mal. Só existe o Eu que Eu sou, sem qualidades, e a única quantidade é o infinito. Aparências são errôneas, sejam elas aparências boas ou más, porque a única realidade é o Eu que Eu sou.

Isto elimina um tempo futuro e, quando não está vivendo no passado nem no futuro, você está vivendo no Eu e como o Eu, como aquele Eu que EU SOU.

Esperança, expectativa e aquilo que o mundo chama de fé: tudo isso tem a ver com um tempo futuro. Mas Deus não tem meios de operar exceto agora, como um agora contínuo. Agora é o único tempo que existe e isso tira de nós o falso sentimento de fé em que Deus providenciará nossa renda ou cuidará de qualquer outra necessidade, no primeiro dia do mês, e ajuda-nos a perceber que Deus não opera no futuro. Tira um falso sentimento de expectativa e um falso sentimento de fé. O onipresente *Eu* é uma experiência contínua, não uma experiência que começa amanhã. Se fé se relaciona com alguma coisa além deste momento, não é fé.

Você pode dizer que não terá frutas em suas árvores frutíferas antes do mês que vem. Mas, se a lei não estiver atuando em suas árvores agora, nunca haverá frutas. É apenas a atuação do agora que traz frutas na estação delas. É o que está acontecendo na árvore agora que determina a fruta que haverá na árvore mais tarde. Também o que está tendo lugar em sua consciência *agora* determina os frutos em seu corpo, em seu bolso, em sua família, em sua vida — na próxima semana, no próximo mês, no próximo ano.

Quando você eleva aquele *Eu* em você e permanece naquele *Eu*, repousa e relaxa-se nEle, você está permanecendo em sua consciência. A natureza do *Eu* é consciência e essa consciência é a substância de toda atividade de sua vida. É a substância e atividade de sua saúde, seu suprimento e sua casa. Repousar em sua consciência sem palavras ou pensamentos, sem temores ou esperanças, é a consecução da fé – apenas ser, repousadamente ser.

DETRÁS DO PÚLPITO

O Mestre fala a respeito de rezar em segredo, entrar no santuário interior de modo a não ser visto por homens. Fala também em fazermos nossas benevolências em segredo e termos o cuidado de não atrair atenção para nós, como se precisássemos do louvor de homens. Estes princípios são especialmente importantes para os estudantes do Caminho Infinito.

Externamente, não devemos ser vistos como mais justos do que nossos vizinhos, nem devemos parecer diferentes deles, mas em nossa vida interior devemos ser tão diferentes a ponto de alguém poder pensar que somos pessoas de dois mundos diferentes. Não podemos mais nos entregar a preconceito, partidarismo, fanatismo, vingança ou ambição. Essas são barreiras ao progresso espiritual, mas a principal barreira a progresso no caminho espiritual reside no sentido pessoal da palavra "Eu". Não podemos viver esta vida através da Consciência e na Consciência, e ao mesmo tempo continuar usando a palavra "Eu" em seu sentido humano. As duas coisas são contraditórias entre si. Sempre que dizemos "eu estou sadio, eu sou rico, eu estou agradecido, eu estou amando, eu estou perdoando", estamos nos entregando ao sentido pessoal que nos impedirá de alcançar nossa meta final.

Todos aqueles que seguem o caminho espiritual têm a mesma meta: chegar ao lugar descrito por Paulo: "Não sou eu quem vive, mas Cristo vive em mim"[10], e finalmente chegar ao alto ponto de realização anunciado pelo Mestre: "E quem me vê a mim, vê aquele que me enviou"[11]. Mas está o Cristo vivendo nossa vida, se nós vivemos por sentimento pessoal – por ciúme, fanatismo, ódio, vingança ou animosidade? Existe algum lugar para o Cristo viver se estas qualidades humanas estão presentes? Que oportunidade tem o Cristo de viver nossa vida se temos uma ambição humana de qualquer nome ou

---

[10] Gálatas, 2, 20.
[11] João, 12, 45.

natureza? Que oportunidade tem o Cristo de viver nossa vida se olhamos para este mundo com sentimento pessoal, com julgamento ou crítica quanto à religião, raça ou nacionalidade, ou se de qualquer maneira tentamos tornar outros subservientes a nós?

Nós somos chamados a abandonar essas qualidades humanas e esse é o sentido de "morrer diariamente", "morrer" para o sentimento pessoal do eu. Significa isso que não podemos ter vontades pessoais ou desejos pessoais, nem mesmo bons. Nosso único desejo deve ser o de deixar a Consciência viver nossa vida como nossa experiência individual. Depois, sem esses desejos pessoais, podemos ser um canal livre para aquilo que está esperando para passar por nós.

Nós não vivemos para sermos vistos por homens, porque senão estaremos usando um rosto falso e afixando-o para ser admirado e aclamado. A própria palavra *persona* significa máscara, a máscara da personalidade. Se olharmos para a forma exterior e suas características, não poderemos ver a pessoa. Seja qual for nossa vida, ela deve ser interna e acima de tudo deve ser vivida na compreensão de que, seja qual for a forma externa, ela deve ser produto de uma Graça interior, um contato interior com o Espírito, uma comunhão interior. O que quer que sejamos, nós o somos por causa de nossa relação com Deus. Nós somos herdeiros de Deus, de todo Seu caráter e Suas qualidades, e quando sabemos isso não estamos construindo nosso ego pessoal, mas esvaziando-o.

O antigo ensinamento hebraico de sacrifício, abnegação e tortura — saco e cinza — era baseado na negação do ego, um ensinamento originariamente revelado no Egito. Os hebreus pensavam que negando a si próprios alimentos e outras coisas necessárias estavam sacrificando o ego. Mas na realidade era uma forma de farisaísmo e incremento do ego. Hoje também existem muitas pessoas que não acreditam ser direito gozar as coisas boas da vida. Pensam que, quanto mais sofrimento suportam, mais espirituais são, mas o que realmente estão fazendo é glorificar o ego e, quanto mais chafurdam em seu sofrimento, maior se torna o ego.

Contudo, se vivermos completamente na compreensão de que "Não sou eu quem vive, mas Cristo que vive em mim", então o sentimento pessoal de ego diminuirá e desaparecerá. Quando a Consciência toma conta, Ela elimina todos os traços ou desejos errôneos que possamos ter e o faz à Sua própria maneira e em Seu próprio tempo. Se nós próprios tentarmos eliminá-los, estaremos sendo apenas farisaicos. Isto não quer dizer que nada devemos fazer. Devemos fazer esforço para compreender o que é Consciência, mas esse esforço não envolve o uso de saco e cinza.

Basicamente, todos nós desejamos estar livres de doenças, carência e limitação, pecado ou desejos pecaminosos; todos nós desejamos estar livres da lei material. Essa liberdade, porém, não podemos consegui-la por nós mesmos. Só pode ser obtida fazendo a transição para o ponto onde percebemos que a Consciência vive nossa vida. A única esperança que temos de imortalidade e eternidade ou mesmo de viver um tempo normal com boa saúde está em fazer a transição para onde estejamos vivendo não só pelo pão, mas pela própria palavra de Deus que impregna nossa consciência.

> *Eu vivo não só pelo pão, mas pela graça de Deus. Consciência é meu pão espiritual, minha carne espiritual, meu vinho espiritual, minha água espiritual.*

Isto é o máximo da vida espiritual. Quando podemos fazer a transição para onde a Consciência está vivendo nossa vida, aquela vida não está mais sujeita a doença, pecado, carência ou limitação. Então, nós estamos guardando tesouros no céu, não neste mundo.

Sempre que parece haver necessidade de qualquer espécie — e essa necessidade aparecerá sempre como algo externo a nós — se pudermos lembrar que o homem não vive só por efeito, mas pela própria palavra de Deus, isso eliminará o desejo e poderemos então despertar para a verdade de que não precisamos de coisa alguma, mas que vivemos pela palavra de Deus que está guardada em nossa Consciência. Quando alguma coisa que envolve o sentimento pessoal de "Eu" toca nossas vidas, podemos eliminar aquele sentimento pessoal, se lembrarmos com suficiente rapidez: "Não sou eu quem vive, mas Cristo que vive em mim".[12]

Cada vez mais o mundo vai olhar para aqueles de nós que fizeram algum progresso na Senda e por isso precisamos mostrar aquilo que proclamamos. Devido aos numerosos e variados acessos ao caminho espiritual que produziu curas no último século, pessoas em todo o mundo estão se interessando por esse modo de vida. Mas o que a maioria delas ainda não percebeu é que antes que possa vir a cura sua natureza precisa mudar. Precisa haver uma purificação de consciên-

---

[12] Gálatas, 2, 20.

cia. Por isso, muitos "eus" precisam primeiro ser abandonados. Consciência precisa mudar, mas ninguém cuja ênfase toda esteja no mundo exterior pode conseguir isso.

É preciso que venha a este mundo um remanescente de pessoas dedicadas que absolutamente não estejam vivendo a vida humana, mas que estejam um pouco acima dela, mas que apareçam no mundo com a roupagem do mundo e participem da vida do mundo. Nós precisamos ser um corpo de pessoas que não adora ninguém, mas que respeita, homenageia e demonstra gratidão a todo pioneiro em todo caminho espiritual, passado ou presente. Se somos incapazes de reconhecer a integridade que animou Mary Baker Eddy, Charles e Myrtle Filtmore, Ernest Holmes, Nona Brooks, Emilie Cady e muitos outros, absolutamente não temos visão espiritual. Se não podemos honrar *todos* eles, não estamos honrando a natureza universal do Cristo. Precisamos compreender a universalidade do Cristo e, fazendo-o, superar pelo menos o erro cometido por alguns religiosos que afirmam que o fundador de seu ensinamento foi o único verdadeiro exemplo do Cristo.

Potencialmente, toda pessoa na face do globo é filha de Deus. Se ela não está demonstrando essa filiação divina, não seja muito severo ou crítico. Lembre-se que o caminho é estreito e apertado e nele poucos podem entrar. Alegre-se e rejubile-se com aqueles do passado ou do presente que demonstraram o Cristo em alguma medida. Se não é capaz de contemplar o Cristo como uma potencialidade em todo indivíduo, você está errando o caminho. Está personalizando quando, conscientemente ou não, pensa que o Cristo só funciona naqueles de sua própria crença religiosa.

Oportunamente, se desejar ir além do estado de consciência que responde a toda sugestão levada pelo vento, você precisará começar a viver menos com aquela palavra "Eu" e mais com a idéia de que Cristo vive sua vida. A lembrança do Cristo causará uma mudança em sua vida. *Você* não causará a mudança, mas *a compreensão do Cristo* o fará. O milagre não é aquilo que você lê, ouve ou estuda: é seu estado desenvolvido de consciência. Deixando a palavra de Deus ocupar cada vez mais sua atenção, haverá uma transição. O homem velho "morrerá" e o "homem novo" nascerá. Você não pode curar o homem velho ou remendá-lo, mas vivendo com a verdade, o sentimento pessoal de "Eu" morre e então o "homem novo", a consciência nova, renascerá em você.

9

A Natureza da Consciência

A mensagem do Caminho Infinito revela Deus como consciência individual. Na compreensão de Deus como sua consciência individual, é possível a você sentar-se tão confortável, alegre e confiantemente, quanto um bebê sentado no colo da mãe. O bebê nada precisa pedir a sua mãe, nem precisa dizer a sua mãe o que necessita; ele está no céu porque sua mãe é amor em todas as formas: proteção, alimento, roupas e abrigo.

Vislumbrar Deus como sua própria consciência eleva você a um estado de paz, a uma atitude e altitude de consciência que lhe permitem relaxar e repousar, porque você sabe que Deus é sua consciência e não existe outra. Nessa atitude e altitude, você oportunamente ouvirá sua própria consciência dizer-lhe: "*Eu* sou sua carne; *Eu* sou seu vinho e sua água. Não tema; *Eu* estou com você. Não tenha medo; sou *Eu*. *Eu* nunca o deixarei nem o abandonarei. Assim como *Eu* estive com Moisés durante quarenta anos no deserto, *Eu* estou com você".

Lembre-se daqueles quarenta anos de Moisés quando se sentir tentado a ficar impaciente; lembre-se do longo período de Elias no deserto e dos três anos de ministério do Mestre, quando sentir que, por causa da grande ajuda que recebeu através da consciência de seu praticante ou professor, você deveria ser elevado ao céu, preferivelmente anteontem. A ajuda temporária que recebeu pode torná-lo confortável e pode mesmo ajudá-lo a manter-se na Senda, mas é a transição de sua própria consciência que o leva inevitavelmente para o seio do Pai e remove todo obstáculo que o impede de reconhecer e aceitar sua filiação divina.

O maior obstáculo que você enfrentará em toda sua jornada espiritual talvez seja seu ensinamento religioso anterior, segundo o qual existe em algum lugar um Deus esperando fazer alguma coisa por você, desde que você apenas possa atender aos termos dEle, ensinamento esse que ancorou sua fé em um Deus inexistente. Mas você não compreenderá o verdadeiro Deus até o dia em que, sem palavras e sem pensamentos, puder repousar no conhecimento de que, por ser Deus sua própria consciência, Ele está mais próximo que a respiração. Repousar em sua própria consciência, como que sobre uma nuvem, sem pensamento quanto ao amanhã, esquecendo o passado e vivendo o agora, torna possível deixar de olhar para príncipes, para poderes — deixar de olhar até mesmo para Deus.

A consciência conhece todas as suas necessidades

Não é fácil abandonar o velho caminho porque, sejam quais forem ou tenham sido seus antecedentes religiosos, você ainda pode estar pensando em Deus como separado e apartado de seu próprio ser. Só quando compreender que Deus é sua consciência individual você perceberá repentinamente que sua consciência conhece suas necessidades e que não há mais razão para você ficar pensando.

A consciência conhece todas suas necessidades, mesmo no plano físico. Que está digerindo seu alimento, assimilando-o e eliminando-o? Que é isso? Certamente, não é alguma coisa separada e apartada de você. Seja o que for que você esteja pensando ou fazendo conscientemente, em circunstâncias normais seu corpo continua funcionando sem que você tenha pensamentos conscientes a esse respeito. Que

134

está fazendo isso? Você poderia dizer que é Deus ou a natureza. Sim, é verdade, mas essas são apenas palavras. Na realidade é sua consciência que faz o trabalho. Assim que você ingere alimento, sua consciência põe-se a trabalhar para digeri-lo, assimilá-lo e finalmente eliminá-lo, ocupando muitos órgãos e funções para executar isso.

Existe uma parte sua que está ativa quando você vai dormir e ativa antes de você acordar pela manhã. Isso também é sua consciência. Ela atua para dar-lhe seu sono, seu repouso, e depois acordá-lo. Não é verdade que quanto mais esforço faz para dormir, mais desperto você fica? Isto é porque você não pode dormir quando sua mente está em ação. Só quando se entrega e deixa aquilo que governa seu corpo tomar conta é que você pode dormir pacificamente.

Seu destino espiritual

A consciência atua em todos os níveis. Em sua pré-existência, antes de ter nascido, sua consciência atuava para formar as células reprodutoras usadas como canal para trazê-lo até aqui. Mesmo seus pais certamente não sabiam, nem a maioria das pessoas chega à maturidade espiritual que permite compreender sua razão de ser. Enquanto a consciência está batendo à porta do templo delas, elas estão procurando neste mundo fama, riquezas e curas. O fato de terem um destino nada significa porque elas não sabem qual é esse destino.

Mas a consciência é inteligente e você nasceu para um propósito específico, embora seja realmente raro um indivíduo realizar o propósito para o qual veio à terra. Isto talvez seja porque o indivíduo não sabe que sua consciência, que o trouxe à terra e lhe deu suas qualidades, talentos e atividade peculiares, contém todos os elementos necessários para sua realização definitiva e completa.

Por trás de seu nascimento está um Criador infinito e você está na terra para o propósito que existia na Consciência divina quando você foi formado. Lembre-se que, uma vez que foi formado à imagem e semelhança de Deus, você não está limitado a seu sentimento humano de eu, grande ou pequeno. O egoísta diz: "Eu sou grande" e é diminuído. A pessoa inadequada que se sente inferior diz: "Eu não sou nada". Ambos estão errados. Honre o Princípio criativo do universo e reconheça que Ele teve um propósito ao criar você individual e eu individual, que Ele teve um propósito ao dar expressão a cada um de nós.

A massa do povo toda tem as potencialidades de grandes seres; todos têm o mesmo dom divino, incorporado dentro deles desde o tempo em que foram concebidos, mas essa verdade não lhes foi ensinada e por isso eles não a manifestam. Algumas pessoas no decorrer de sua vida despertam, cada uma de uma maneira diferente: algumas através de religião, algumas através de filosofia, algumas através da arte e algumas através de problemas que as impelem a virar-se e encontrar a resposta. Não faz diferença o que desperta alguém, mas feliz é a pessoa estimulada a perguntar: "Por que estou vivendo? Que estou realizando na terra?"

Nada pode ter lugar em sua vida, a não ser através de sua consciência. Assim, aquilo que você aceita ou rejeita em sua consciência determina o que você é e o que você será. Se pode ser levado a aceitar a crença em que é "um verme do pó", você não será mais do que isso. Em outras palavras, sua consciência devolver-lhe-á o que você aceita. Se abrir sua consciência à verdade, sua consciência devolver-lhe-á a verdade.

"Meu filho, tu sempre estás comigo; tudo o que é meu é teu."[1] Se você aceita isso, sua Fonte dentro de você pode começar a jorrar como um talento ou como qualquer capacidade necessária à realização de sua vida. Se se limita a sua educação ou falta de educação, a sua posição social ou econômica, você demonstrará os limites que impôs a si próprio. Em lugar disso, comece a compreender que a única razão pela qual você foi criado é Deus ter na terra um instrumento através do qual derramar Suas qualidades.

Só existe um fonte de verdadeira inspiração, e homens e mulheres nas artes, nas profissões liberais, no mundo dos negócios e em todas as religiões, raças e nacionalidades precisam finalmente compreender que o poder que flui neles revela-se em qualquer que seja seu trabalho particular e produz a própria inspiração necessária para toda atividade de sua vida cotidiana.

Todo dom que é dado a eles passa por eles a fim de elevar uma ou mais pessoas neste mundo, a fim de executar uma função de Deus, não uma função pessoal. O propósito do que eles fazem é que o Espírito criativo possa atuar através deles a fim de beneficiar outros.

---

[1] Lucas, 15, 31.

Deus é consciência individual

O maior segredo é que Deus é consciência, mas isso não muda o fato de que aquela Consciência é sua consciência individual. Cada um da meia dúzia de filhos da mesma mãe referir-se-á a "minha mãe" e aquela mãe é pessoal para cada um daqueles seis filhos. Assim, da mesma maneira como a mãe deles é pessoal para cada um deles, você pode pensar em Deus, ou Consciência, como pessoal para você. Você é a própria consciência, embora em seu presente estado possa pensar em si mesmo como Bill, Mary ou qualquer outra que seja sua identidade humana.

A consciência é responsável por você estar aqui e é essa consciência que o acompanhará quando você deixar este plano, indo antes de você para preparar o caminho. Por que, então, não ir até o interior e consultar sua consciência, seguir sua orientação e deixá-la alimentá-lo, vesti-lo, abrigá-lo, inspirá-lo e ir antes de você para tornar o caminho reto?

Sua consciência é tudo quanto existe para você, mas, se não vir que Deus é sua consciência, você deixará este plano ainda procurando um Deus em algum lugar. Enquanto houver um sentimento de eu separado, você pensará em sua consciência como separada e apartada da única Consciência.

Basicamente, no auge de experiência mística, você reconhecerá que sua consciência é Onipresença, Onipotência e Onisciência, e depois achará que todas aquelas coisas que o mundo procurou ganhar de Deus são onipresentes como atividades de sua própria consciência.

Quando você chega à compreensão de que existe uma Fonte de poder e inspiração, e começa a testemunhar seus frutos, surge a tentação de usar aquele poder. Você deve recusar fazê-lo. Ao contrário, deve deixar que aquele poder o use para mostrar a sabedoria infinita, a inteligência infinita e o amor infinito de Deus. Se permitir que Aquilo que está dentro de você flua para fora como expressão, Aquilo poderá torná-lo grande aos olhos do mundo, mas no momento em que assumir o mérito por aquilo que está fluindo através de você, você o perderá. Interiormente, você deve perceber constantemente que a Fonte de todo poder, força e sabedoria está fluindo através de você.

Se souber isso, você estará vivendo de acordo com um dos maiores princípios já revelados ao homem: a força, poder e inteligência de sua própria identidade individual. Ninguém pode manter para você sua integridade, sua inteligência, sua liberdade, sua capacidade e sua perícia, a não ser você mesmo.

Deus constitui consciência individual e, quando sabe que Deus é sua consciência individual, você pode relaxar e deixar de ter pensamentos ansiosos porque amanhã terá a mesma consciência que tem hoje. E para aqueles que sabem que Deus é sua consciência, não haverá velhice, decrepitude ou desgaste da mente ou do intelecto porque o reconhecimento de sua incorporalidade os salvará da deterioração de suas faculdades.

Só quando se examina da ponta dos pés ao alto da cabeça e descobre que não está dentro de seu corpo é que você começa a adquirir a percepção de sua incorporalidade como consciência. Você é Melquisedec, nunca nascido e nunca morrendo. Isto você compreenderá quando perceber que está usando seu corpo como seu instrumento, da mesma maneira que usa seu automóvel para viajar. Assim como adquire um novo automóvel quando precisa, um dia, quando seu corpo tiver servido a você em todos os propósitos, você se desfará dele e tomará outro novo. Assim como seu corpo nessa experiência serviu a diferentes propósitos e funções, seu novo corpo terá suas funções e desenvolverá tudo quanto for necessário para sua atividade porque sua consciência ajustará seu corpo a suas necessidades, visível ou invisivelmente.

A Consciência de que você deriva tudo é a consciência de Deus. Ela é infinita; é vida eterna, imortalidade, harmonia, integridade, plenitude. Por isso, vire-se e procure a Graça, a Graça que é sua suficiência, a plenitude do Todo interior. Você não precisa sair de si próprio para obter paz, saúde ou riqueza, porque todas essas coisas estão incorporadas em sua consciência.

Perdão e amor como atividades de consciência

O ministério do Cristo revela que a Consciência divina dentro de você veio para que você possa ter vida e possa tê-la mais abundantemente; veio para que você possa ser alimentado e ainda restem doze cestos cheios. Veio para que você possa perdoar e ser perdoado por ignorância e estupidez passadas. Veio para que você possa ter paz na terra.

138

Perdoe; perdoe. Perdoe todos os homens, porque você não pode entrar na vida espiritual antes de tê-los perdoado por suas ofensas passadas e de ter perdoado também a si próprio. Você precisa fechar os olhos, olhar para trás através dos anos e compreender: "Sim, aqueles anos foram cheios de insultos a Deus e a meus semelhantes. Foram cheios de pecado, mas agora eu sei disso e sei que era errado. Talvez eu nunca possa corrigir os erros em relação a determinadas pessoas envolvidas, mas pelo menos posso reconhecer a natureza de meus pecados e deixá-los de lado. Eu tenho controle sobre este minuto e sobre cada minuto subseqüente, e posso agora fechar meus olhos e ficar em paz porque não estou fazendo injustiça a ninguém. Sei agora que eu sou meu vizinho e que meu vizinho é eu; sei agora que nós somos um e, quando eu for um com meu vizinho dessa maneira, estarei amando meu vizinho e, portanto, amando a Deus supremamente".

Enquanto estiver obedecendo à lei espiritual que é amor, você nunca precisará depender do "homem cujo fôlego está no seu nariz"[2], nem precisará jamais vangloriar-se de quem ou do que você é, pois "teu Pai que vê em segredo, te recompensará"[3]. No Caminho Infinito, isso é traduzido de modo a significar que sua consciência é a lei e a atividade de seu ser e você nada mais precisa procurar.

O que você é por dentro, não o que você afirma ser, é tão aparente que você não pode escondê-lo de ninguém. Se você usa uma máscara, mais cedo ou mais tarde o mundo verá atrás dela. Ninguém pode enganar o mundo durante muito tempo. Mas aquilo que você é finalmente terá expressão. Por isso, fique quieto. Nada diga, nada reclame, mas desenvolva a capacidade de sua Alma estudando e meditando, e deixe que Ela fale por você. Sente-se em casa e deixe que aquela parte do mundo que você pode abençoar venha a você e deixe que o resto do mundo passe ao largo. Você não precisa dele.

Você tem uma consciência interior que o conhece, que é você. Se seus pensamentos e ações estiverem de acordo com sua consciência, você experimentará o que o mundo chama recompensa. Se não estiverem de acordo com sua consciência, você experimentará o que o mundo chama punição. Todo ato seu que seja errado, injusto ou mau em seus efeitos é o mesmo que introduzir veneno ou água suja em seu organismo. Não se surpreenda se isso lhe fizer mal.

---

[2] Isaías, 2, 22.
[3] Mateus, 6, 6.

Você sempre pode saber se está lidando com água limpa ou água suja pela maneira de amor que está expressando. Se está expressando amor universal, se não está impondo condenação a homem algum, se não está fazendo distinção entre preto, branco e amarelo, se sua atitude para com Deus e o homem é de amor, se está ajudando seu semelhante, se amor impessoal o está motivando, você está lidando com água limpa.

A consciência de Deus não pode ser de forma alguma antagônica a si própria, mas está você suficientemente cônscio dessa verdade? Certamente, Deus constitui sua consciência, mas Deus constitui também a consciência de seu vizinho e de seu inimigo, do animal e da planta. Só existe uma Consciência, da qual este universo evoluiu. "No princípio era Deus."[4] Nada mais havia. Nada mais há. Portanto, tudo quanto existe evoluiu da Consciência de Deus e é consciência de Deus em vários estágios ou níveis.

O que causa dificuldade é você pensar que é diferente de mim, mas se fosse entendido que Deus é a consciência deste mundo e que a Consciência que é sua consciência é também minha consciência, a lei de autopreservação, universalmente reconhecida como a primeira lei da natureza, não seria o impulso motivador no mundo. Com aquele entendimento, você e eu poderíamos viver de acordo com o grande ensinamento do Mestre, como um ato, não como uma abstração.

Os frutos de uma consciência em paz

Você só é um com Deus quando amor é o princípio animador de sua existência: sem julgamento, sem violência, sem vingança, sem punição de quem quer que seja. Então você está em paz porque está sintonizado com o Infinito. Nada está fluindo através de você, senão amor e, como amor é vida, nada está fluindo através de você, senão vida. Quando está sintonizado com seu Eu, quando não está mais violando seu Eu, você é um com a identidade espiritual de todos na terra. Estar em paz com sua consciência é estar em paz com todos e com tudo no mundo.

---

[4] Gênesis, 1, 1.

Quando alcança uma consciência de paz, você precisa conscientemente conferir aquela paz a todos quantos chegam ao alcance de sua consciência. Em outras palavras, quando está andando na rua ou dirigindo um carro, precisa haver a percepção consciente de que a paz que você encontrou envolverá aqueles que o cercam, seja em casa, nas atividades comerciais ou na estrada. Se não está partilhando a Consciência que encontrou, Ela fica fechada dentro de você e não pode funcionar. Você só pode receber na proporção em que dá. Por isso, quando compreende conscientemente sua relação com Deus, olhe à sua volta e lembre muitas vezes por dia que essa é a verdade em relação a seu vizinho. O fato de ele não saber não faz diferença. Você precisa disseminar o aroma da atmosfera em que vive.

Você tem uma idéia da contribuição que poderia prestar à humanidade se fosse capaz de revelar por sua própria vida que está em paz com o mundo e, portanto, em paz com Deus e com todos os homens? Nisso, você tem o remédio para todos os males que existem no mundo. Mas, assim como só pode funcionar se você aceitá-lo e vivê-lo através do reconhecimento da unicidade, o mundo precisa primeiro aceitá-lo para que possa começar a vivê-lo.

Nunca haverá paz na terra por quaisquer meios já conhecidos do mundo humano até que haja a transmissão de paz a partir do interior. Paz só poderá vir quando o mundo se convencer de que não precisa de vitórias e de conquistas, e que, se estas forem necessárias, se desdobrarão de alguma maneira natural e normal.

Ninguém pode elevar-se acima de sua consciência e essa consciência de paz chega através da percepção da unicidade com o Pai. Na medida em que aprender que não precisa de coisa alguma de outrem, mas que pode livremente partilhar aquilo que lhe foi dado como dom de Deus sem diminuir o que tem, você perceberá a única base real que existe para a paz. Enquanto tiver a convicção de que precisa de alguma coisa de alguém, você não poderá estar em paz porque um mecanismo surgirá inconscientemente na pessoa que pensa que você está tentando tirar alguma coisa dela. Mas se souber que Deus é a fonte de seu bem, você poderá partilhar plenamente e prontamente aquilo que tem. A medida de paz em sua casa ou entre seus companheiros pode ser avaliada pelo grau de paz e amor fraternal já estabelecidos em sua consciência.

A natureza de sua consciência é o Espírito divino e sua consciência é a fonte, a lei, a essência e a causa de toda sua experiência. Quando deixar de olhar para pessoas e coisas, quando deixar de procurar coisas no exterior e alcançar a compreensão de Deus como sua consciência individual, você descobrirá que tudo já está dentro de si, aparecendo externamente como "as coisas acrescentadas".

A dignidade do indivíduo

Isto leva naturalmente à consideração da dignidade e santidade do indivíduo, sem o que não pode haver Cristianismo real, nem democracia verdadeira. Só uma coisa pode privar este mundo daquela quantidade de liberdade e democracia que conseguiu: deixar de valorizar adequadamente a significação do indivíduo.

Se o homem estiver disposto a entregar a um líder ou a um estado a herança de dignidade e divindade individual dadas por Deus, ele merecerá o que receber. Mas, mesmo com as forças totalitárias hoje desenfreadas, existem no mundo pessoas comprometidas com o ideal de dignidade do homem em número suficiente para sozinhas salvarem o mundo das incursões do totalitarismo, seja comunista, socialista ou fascista. Quando o homem é inconquistável interiormente, ninguém e nada pode conquistá-lo a partir de fora.

Toda causa está dentro de sua consciência e, portanto, todo efeito provém de você. Só aprendendo a viver durante algum período de cada dia em sua Interioridade você pode trazer para fora os grandes tesouros da consciência. A fim de inspirar, sua vida precisa ser vivida a partir das profundezas de sua consciência e então você produzirá aqueles tesouros que glorificam Deus e elevam o homem. As coisas que vivem, as coisas que inspiram, iluminam e levam a raça humana para cima provêm de dentro. Todas as coisas de natureza duradoura e benéfica devem vir através da inspiração da consciência de um indivíduo. Quanto mais você perceber que a única coisa de real valor neste mundo é o indivíduo, mais suas capacidades se expandirão.

Erga sua espada. Defina a dignidade de seu ser individual. Divindade é a natureza de seu ser e você precisa defender aquela verdade silenciosa, secreta e sagradamente. Então nem todas as forças do inferno poderão prevalecer contra você.

Repouse na verdade de que você é o Verbo feito carne, a Consciência infinita, divina, tornada visivelmente manifesta. Dessa ma-

142

neira, você estará tirando de seu santuário interior as riquezas guardadas em sua consciência em virtude de sua filiação divina.

DETRÁS DO PÚLPITO

O Caminho Infinito é Deus expressando-se nesta era. Se reivindicasse o Caminho Infinito como meu, não apenas eu o perderia, mas talvez até o mundo o perdesse nessa generalização. Não é meu: é Deus expressando-se na linguagem necessária a esta era e eu tive a ventura de ser o instrumento que deu voz à Mensagem.

Há razões para isso que se relacionam com vidas passadas e há razões que se relacionam com esta vida. Eu nasci em Nova York e freqüentei uma escola pública onde se fazia distinção entre preto e branco; como não tive instrução religiosa, eu não era judeu nem cristão.

Não conhecer preto nem branco, judeu nem gentio é vitalmente importante para todos os seguidores de um modo espiritual de vida, porque uma mensagem como a do Caminho Infinito nunca poderá ser recebida ou aceita por aqueles que continuam a ter prevenções, intolerância e preconceito. Uma mensagem de religiosidade, da paternidade de Deus e da fraternidade do homem só pode ser recebida na consciência daqueles que não chamam de Pai homem algum na terra, porque percebem que não existe senão um Pai, o Princípio criador do universo.

A relação harmoniosa que existe entre todos nós no Caminho Infinito é devida a nosso reconhecimento, em algum grau, de nossa unicidade com Deus. Não somos tão tolos a ponto de acreditar que existe uma relação pessoal que pertence a você ou a mim: ela deve ser universal. A base de toda a expressão exterior de amor, gratidão e partilha é nossa relação com Deus. É nossa unicidade consciente com Deus que faz com que entre nós sejamos um só.

No Caminho Infinito, não há laços humanos. Não pertencemos a nada e não pertencemos a ninguém. Ninguém é maior do que qualquer outro. Nenhum de nós se elevou para tornar-se deus. Todos os que se dedicam a este trabalho têm problemas às vezes e, portanto, não existe entre nós ninguém que possa colocar-se acima dos outros, pois nenhum de nós se realizou plenamente.

Há quinze anos, eu era o único estudante do Caminho Infinito no mundo e a razão primária pela qual grupos em todo o mundo foram atraídos para este trabalho é que minha unicidade consciente com

Deus constitui minha unicidade com todo ser e idéia espirituais. Devido a esta verdade, aqueles que estavam procurando luz espiritual foram atraídos para a atmosfera do Caminho Infinito. Muitos desses estudantes eu não poderia ter alcançando humanamente, porque durante anos eu jamais saí da Califórnia. Apesar disso, o Caminho Infinito atraiu estudantes de todo o globo. Isso só poderia ter sido conseguido permanecendo na consciência de minha unicidade com Deus e compreendendo que o Caminho Infinito não é meu.

O Caminho Infinito é um modo de vida, o modo contemplativo. E esse é o meu caminho. Eu levo a vida contemplativa, a vida mística. Não procuro autoridade em uma fonte humana. Volto-me para dentro. Reconheço que existe uma parte de mim que é ser humano e que "o homem natural não aceita as coisas do Espírito de Deus, porque lhe são loucuras; e não pode entendê-las, porque elas se discernem espiritualmente".[5]

A revelação pela qual eu vivo deve ser encontrada nas escrituras orientais, hebraica e cristã. É um modo de vida que pode ser vivido por cristão, judeu ou budista; não tem conotação religiosa especial. Para mim. o mesmo espírito de Cristo animava e atuava em Jesus, Buda, Paulo, Elias, Isaías, Nanak, Maomé e nos místicos sufistas.

Deus não tem religião, seita ou credo. Esqueçamos religião e diferenças sectárias. Não nos preocupemos com rótulos quanto ao que é ou não é a religião de uma pessoa. Deus não pertence exclusivamente a qualquer denominação ou igreja.

Pensemos portanto em nossa relação com Deus em sua real essência, aquela da unicidade, e depois que for estabelecida nossa unicidade através de meditação o Verbo se tornará carne.

NOTAS DO HAVAÍ
JULHO DE 1963

Em minha correspondência surge constantemente uma questão levantada por numerosos estudantes que têm pouco ou nenhum

---

[5] 1ª Coríntios, 2, 14.

lastro espiritual e por aqueles que estiveram em alguma forma de matafísica e acostumaram-se a recorrer a Deus para satisfação de necessidades puramente materiais. Perguntam eles: "Por que muitas pessoas que nunca pensaram seriamente em Deus ou em coisas espirituais obtêm grande sucesso e felicidade no mundo e com grande freqüencia experimentam poucos problemas ou mesmo nenhum?"

A resposta, naturalmente, é simples. No nível humano de vida, é possível obter qualquer coisa que desejemos, desde que a desejemos suficientemente para fezer o esforço necessário. Muitos problemas de saúde do mundo têm sua origem em alimentação errada e qualquer pessoa pode eliminar mais de metade de seus problemas físicos se vigiar o que come e quanto come. Muitos problemas de carência e limitação representam apenas a falta de disposição da pessoa mediana para trabalhar por aquilo que deseja. Muitas pessoas contentam-se em trabalhar sete horas por dia. ou mesmo seis, cinco, quatro ou nenhuma, e depois passam o resto de suas vinte e quatro horas entregues a prazeres de uma espécie ou de outra.

Mas aqueles que realmente desejam sucesso encontram meios de trabalhar dez, onze, doze ou dezoito horas. Fazendo isso, entregamse muito menos a prazeres e, portanto, têm menos problemas mentais e físicos a enfrentar. Praticamente tudo no mundo pode ser obtido por aqueles que estejam dispostos a pagar o preço cobrado para alcançar sua meta. Com exceção daqueles que herdam riqueza, o resto do mundo precisa trabalhar e trabalhar arduamente por aquilo que deseja, mas, se desejá-lo com suficiente força, o conseguirá, quer já tenha ou não tenha tido um pensamento sério a respeito de coisas espirituais.

O que essa pergunta realmente siginifica é: "Por que aqueles que dedicam pensamentos sérios a coisas espirituais têm tantos problemas e muitas vezes deixam de alcançar sua meta?" Aqui também a resposta é simples. Aqueles que se voltam para o caminho espiritual a fim de obter ganho material ou humano devem inevitavelmente falhar. Nos primeiros tempos da metafísica acreditava-se que uma pessoa podia recorrer a Deus para obter automóveis, casas ou negócios melhores, mas a passagem do tempo e o malogro daquele modo de encarar a vida mostraram ao mundo que, assim como óleo e água não se misturam, o reino espiritual não pode ser transformado em um empório de mercadorias, pois entre eles há tanta diferença quanto entre óleo e água.

O Mestre tornou muito claro que *Meu*[6] reino, o reino espiritual, não é "deste mundo" e *Minha* paz — a verdadeira paz, a paz espiritual, a paz eterna — não pode ser obtida por meio das coisas "deste mundo". Paulo também tornou claro que "o homem natural". o homem que está procurando uma meta material, não pode receber as coisas de Deus. Assim, aqueles que entram no caminho espiritual com o objetivo de obter bem material ou humano devem inevitavelmente falhar.

A meta daqueles que entram em qualquer das abordagens místicas da vida deve ser procurar o reino de Deus, deixar tudo por *Mim*[7], se necessário, deixar mãe, pai, irmã e irmão.

Deixem suas "redes" e sigam-me no reino espiritual onde há tesouros espirituais como nunca vocês sonharam. Sigam-Me ao reino de Deus e descubram que todas essas coisas — paz, alegria, harmonia, amor, justiça — todas elas lhes serão dadas.

Não espere sucesso no caminho espiritual se estiver procurando metas materiais. Embora seja simples assim, que está você procurando?

Você pode agora saber se é ou não capaz de responder ao Caminho Infinito e quem quer que procure o Caminho Infinito pode julgar por si mesmo se lhe é possível alcançá-lo.

Passe uma semana vivendo no Capítulo Dez, "Meditação sobre a Vida pela Graça", de *The Contemplative Life*[8]. Se isso fizer seu coração cantar, aquela mensagem do Caminho Infinito é seu lar espiritual. Então, você estará pronto para começar a partir do início deste livro e construir uma nova consciência, e todos os outros escritos do Caminho Infinito se abrirão para você como um botão se abre em uma flor.

---

[6] A palavra "Meu", com maiúscula, refere-se a Deus.
[7] A palavra "Mim", com maiúscula, refere-se a Deus.
[8] Do autor (Nova York: The Julian Press, 1963; Londres, Inglaterra, L. N. Fowler and Co. Ltd., 1964).

Não andeis ansiosos pela vossa vida, quanto ao que haveis de comer, nem pelo vosso corpo, quanto ao que haveis de vestir.

Porque os gentios de todo mundo é que procuram estas coisas, mas o vosso Pai sabe que necessitais delas.

Buscai antes de tudo o seu reino e estas coisas vos serão acrescentadas.

Não temais, ó pequenino rebanho, porque vosso Pai se agradou em dar-vos o seu reino.

Lucas, 12, 22, 30–32.

Certa ocasião, dando aulas em Portland, Oregon, realizamos uma série de reuniões de meditação durante seis dias. Cada dia, depois de nossa meditação, era dada aos estudantes uma passagem da Bíblia para que sobre ela pensassem conscientemente, ponderassem e trabalhassem espiritualmente durante vinte e quatro horas, até nos reunirmos novamente. Os frutos do trabalho daquela semana certamente não serão esquecidos por mim e estou certo de que existem outros em Portland que se lembrarão por muito tempo do efeito na experiência de muitos.

Aqui estão as passagens usadas naqueles seis dias.

Primeiro dia

Confia no Senhor de todo o teu coração; e não te estribes no teu próprio conhecimento.

Reconhece-o em todos os teus caminhos e ele endireitará as tuas veredas.

Provérbios, 3, 5, 6

Segundo dia

Mas Jesus lhe respondeu: Está escrito: Não só de pão viverá o homem.

Lucas, 4, 4

Terceiro dia

Tu, Senhor, conservarás em perfeita paz aquele cujo propósito é firme; porque ele conta em ti.

Isaías, 26, 3

Quarto dia

Deixo-vos a paz, a minha paz vos dou; não vo-la dou como a dá o mundo. Não se turbe o vosso coração, nem se atemorize.

João, 14, 27

Quinto dia

Na tranqüilidade e na confiança está a vossa força.

Isaías 30, 15

Sexto dia

Nesse ínterim, os discípulos lhe rogavam, dizendo: Mestre, come.

Mas ele lhes disse: Uma comida tenho para comer, que vós não conheceis.

João, 4, 31, 32

Depois de ter lido essas passagens, sugiro-lhe que a partir de segunda-feira tome o primeiro trecho citado para as primeiras vinte e quatro horas, o segundo para o segundo dia e assim por diante durante a semana inteira. Repita isso três ou quatro semanas e veja se sua consciência não se elevou pelo menos cem semanas em apenas algumas semanas.

10

Uma Idéia Cujo Tempo Chegou

Verdade recebida e incorporada na consciência com o tempo se torna conhecida em todo o mundo sem qualquer esforço humano ou empenho humano. Permanecendo-se com a verdade dentro de si próprio, ela tem um jeito de estabelecer-se. Isso nem sempre acontece tão rapidamente quanto você gostaria que acontecesse, mas você precisa aprender que no reino da verdade "mil anos, aos teus olhos, são como o dia de ontem que se foi"[1], e um dia como mil anos. Há períodos de milhares de anos em que parece ser feito pouco progresso. Depois, de repente, mais progresso é feito em um dia do que nos mil anos anteriores.

---

[1] Salmos, 90, 4.

Uma idéia na consciência deve manifestar-se

O processo de consciência expressado em mudanças e formas melhores é penosamente lento e em religião o mundo tem estado mais atrasado do que em quase qualquer outra área de experiência humana. Até depois de meados do século XIX a religião no mundo ocidental encontrava-se em total estado de treva e ignorância, quase sem o mínimo de luz. Mas em meados do século XIX algumas das Escrituras Orientais foram traduzidas para o inglês e alemão, e mais tarde para o francês, embora tenha sido na Inglaterra e Alemanha que elas criaram raízes, e a primeira luz espiritual começou a surgir. Depois, nos Estados Unidos, houve o período do Transcendentalismo na Nova Inglaterra e a fundação da Christian Science and Unity. Tudo isso foi luz lançando sua sombra em visibilidade e profetizando coisas por vir.

"Nada é tão poderoso quanto uma idéia cujo tempo chegou"[2] e a idéia de liberdade, justiça e igualdade é uma idéia cujo tempo chegou nesta era. Colonialismo, a imposição de servidão de um povo sobre outro, precisava desaparecer. Nada hoje pode deter a destruição de preconceito racial, religioso e nacionalista. Infelizmente, o mundo, não sabendo como conseguir isso por meios espirituais, recorreu apenas aos meios humanos de força. Sair e lutar pelo que deseja é tudo quanto o mundo tem sabido fazer.

Qualquer idéia ou princípio, real e verdadeiro, revelado na consciência, manifestar-se-á em experiência humana. Se mais pessoas tivessem tido suficiente noção da atuação desse princípio quando a idéia de liberdade entrou na consciência humana e tornou-se tangível como forma na Grécia antiga, eu creio que a liberdade mundial teria sido alcançada há muito tempo. Ao invés disso, hoje existem grandes segmentos da população do mundo onde não há sequer aparência de liberdade.

Em seu sentido mais amplo, liberdade inclui liberdade religiosa, econômica, política e racial — sim, até mesmo liberdade física e mental. O homem não pode criar liberdade: liberdade é de Deus. É uma concessão divina que chega à consciência daqueles que são receptivos à idéia. Liberdade deve ser recebida na consciência porque Deus só funciona como consciência. Não se deve implorar

---

[2] Victor Hugo.

liberdade, nem lutar por ela: liberdade deve ser reconhecida. Liberdade em qualquer forma é um dom de Deus ao reino de Deus, atividade de Deus operando no reino de Deus, graça de Deus aparecendo como liberdade, justiça e igualdade, tudo o que são qualidades da Consciência divina, onipresente onde nós estamos.

Instrumentos de Deus

Em toda geração existem pessoas que nascem sem esgoísmo, tendo no coração um amor que não é inteiramente amor por si próprio, um amor que olha através do horizonte visível e pergunta: "Que posso fazer para ajudar?" A essas pessoas, transmissões divinas são reveladas. Florence Nightingale foi uma das pessoas altruísticas do mundo e certamente Cristóvão Colombo representou um papel na libertação do mundo de sua servidão em relação a tempo e espaço.

Liberdade é uma coisa maravilhosa e tem numerosas facetas. Assim é que, aqui e acolá, indivíduos recebem transmissões da Fonte divina que é a Consciência divina e esses indivíduos atraem outros para si. Dessa maneira, os ideais de liberdade política, econômica, racial e religiosa são difundidos na terra. Haverá sempre instrumentos de Deus na terra porque em todas as idades nascem pessoas que estão sintonizadas com a Fonte, mas, por si sós, homens e mulheres nada são.

A era de poder material é coisa do passado. Estamos agora vivendo na era em que poder espiritual começa a ser compreendido e poder espiritual significa não-poder. Significa "não resistais ao perverso"[3], permanecer no Verbo e deixar que o Verbo permaneça em você: "Sou eu. Não temais"[4]. *Eu* no meio de vocês é poderoso. Erga sua espada.

Todo poder está nas mãos do Infinito, do Eterno, e atua através da Graça. Como você faz para que isso se torne realidade? Conhecendo-o. Esta verdade não pode libertá-lo sem que você a conheça. Você precisa refletir sobre a verdade, meditar sobre ela em seu santuário secreto mais recôndito, e ela se estabelecerá externamente de maneiras miraculosas.

---

[3] Mateus, 5, 39.
[4] Mateus, 14, 27.

Toda vez que recebe uma verdade espiritual, você está em certa medida adquirindo liberdade ou vida pela Graça, mas, como só existe uma Consciência Infinita, incondicionada, você faz mais do que isso. Em algum lugar no mundo existem aqueles que estão sintonizados e, toda vez que você individualmente recebe uma transmissão de verdade em sua consciência, ela é recebida na consciência daqueles que estão igualmente sintonizados. Em outras palavras, em todo mundo, neste minuto, há pessoas ansiando por liberdade, com todo seu coração, alma, mente e corpo. Há pessoas que se estão voltando para sua Interioridade, às vezes na prisão e às vezes porque não têm pessoa alguma nem coisa alguma para onde voltar-se. Dessa maneira, estão-se tornando receptivas à verdade. Aquelas pessoas criaram um vácuo e, por isso, estão sintonizadas para a Consciência Incondicionada.

Quanto maior o grau de sua liberdade espiritual, mais ampla é a liberdade que você pode dar. Através de estudo e meditação. você pode alcançar tal grau de liberdade espiritual que será uma bênção para sua família e seus vizinhos mais próximos. Você pode alcançar tal grau de liberdade que é capaz de tornar-se um curador em grande escala: em toda a cidade, em todo o estado, em toda a nação ou em todo o mundo. Isso pode dar origem em você a alguma idéia de liberdade comercial ou política e, assim, ser uma influência libertadora para milhares de pessoas. Ou você pode elevar-se tanto em consciência a ponto de criar um nova religião mundial. Quem sabe? Mas se o fizer, por favor, não a organize.

O ideal de liberdade do Caminho Infinito

Lembre-se sempre que a liberdade que você almeja em seu coração todos os outros também estão almejando, mas não acredite que alguém pode ser livre prendendo outrem. Quando torna uma pessoa livre, lembre-se que você precisa torná-la livre para ter qualquer religião que possa escolher ou não ter religião alguma. Liberte todos e você próprio será livre em muito maior escala.

O ideal de liberdade do Caminho Infinito sempre foi o de um laço espiritual unindo indivíduos em uma relação eterna de amor, participação e boa vontade. Como um de seus pontos fundamentais, o

Caminho Infinito não tem membros e não exige contribuições; não prende ninguém a si. Não apenas liberta todos, mas mantém a liberdade deles.

A liberdade foi perdida na consciência

A idéia espiritual de liberdade não tem limites ou fronteiras e, se olhar além do horizonte visível, você verá como ela está funcionando em um grupo e em um país após outro. A história registra acontecimentos, mas raramente registra as causas subjacentes que levam a esses acontecimentos.

Por exemplo, um conhecimento superficial da Guerra entre os Estados pode levar alguém a acreditar que essa guerra foi travada porque algumas pessoas amavam tanto os negros a ponto de estarem dispostas a morrer para libertá-los ou por causa da rivalidade comercial entre os estados nortistas e sulinos. Essa conclusão ignora o fato de que a idéia de liberdade, igualdade e justiça vinha-se infiltrando na consciência desde a Grécia antiga, passando pelo período em que a Magna Carta tomou forma na Inglaterra e chegando às revoluções americana, francesa e sul-americanas. Todos esses acontecimentos não foram mais do que o retrato exterior de um estado modificado de consciência, que culminou em liberdade cada vez maior para o povo.

Esta idéia de liberdade está-se difundindo agora na área da religião: o bispo Pike, da Igreja Episcopal, está livrando de superstição e ignorância muitos de seus seguidores. O falecido papa João apoiou a idéia de liberdade religosa universal e completa para todas as pessoas. O papa Paulo VI, após sua eleição para o pontificado, anunciou que favorecia os objetivos do falecido papa João, declarando que a Igreja Católica Romana devia continuar no curso indicado por seu predecessor. Um categorizado eclesiástico da Inglaterra, o bispo de Woolwich, escreveu que oração não é pedir alguma coisa a Deus, que oração é ouvir, e que nós devemos abandonar conceitos de Deus para alcançar a experiência de Deus. Esses progressos são frutos da verdade transmitida à consciência humana pela Consciência divina.

Uma verdade que é dada a um indivíduo em consciência e que ele guarda em segredo dentro de si e só transmite àqueles que são receptivos, de modo que ela faça um círculo ou fluxo entre eles, deve com o tempo estabelecer-se para todos os homens da Terra. A Presença divina tem em Si própria o poder de estabelecer-Se, se for lembrada e guardada sagradamente.

Devemos atingir o lugar onde podemos nos dedicar a algo mais elevado do que nossos próprios interesses. Devemos nos elevar acima do ego até o lugar onde consagramos um porção de nosso tempo à causa do estabelecimento do reino de Deus na terra, apegando-nos a um visão que já entrou na consciência humana, lembrando silenciosa e sagradamente que toda liberdade é uma qualidade e atividade de Deus, tanto na terra quanto no céu, e depois deixar que este Princípio divino abra a consciência humana, primeiro em um lugar e depois em outro. Quando "chegou o Tempo" de uma idéia, ela sempre encontra meio de estabelecer-se na terra.

Quando um indivíduo recebe um princípio em consciência, nesse momento o princípio entra na consciência humana. Os princípios de eletricidade, por exemplo, descobertos e recebidos através de um indivíduo, foram postos à disposição de todas as outras pessoas no mundo. Por impossível que pareça, quando a idéia de um carro sem cavalos nasceu na consciência de um leitor de medidores de gás que mal era capaz de sustentar sua família, ele recebeu todo apoio necessário para fundar a Ford Motor Company. O mesmo acontece com qualquer idéia. Se nasce à frente de seu tempo, ela morre. Se nasce no tempo certo traz consigo tudo quanto é necessário para sua realização.

Estabeleça verdade na consciência vivendo a vida contemplativa

O mesmo ocorre com uma verdade espiritual na consciência de um indivíduo. Reconheça que a verdade que existe dentro de você é maior do que tudo quanto existe no mundo exterior, tornando inúteis e nulas todas as armas deste mundo. Este princípio estabelecerá liberdade individual em todos os níveis de vida humana por meio de uma comunhão interior com o Espírito. Essas idéias estabelecidas na consciência — refletidas, meditadas, comungadas interiormente — estabelecer-se-ão exteriormente. Homens aqui e acolá expressarão essas verdades e, como são autoridades em seus terrenos, serão acreditados. Então poderemos dar o passo maior para estabelecer o reino de Deus na Terra vivendo a vida contemplativa.

A vida que vivemos como estudantes do Caminho Infinito não é realmente uma vida religiosa, da maneira como geralmente se entende a religião. é uma vida contemplativa, a vida na qual refletimos, meditamos e cogitamos sobre a Realidade. É uma vida na qual comungamos com nosso Eu interior ou espiritual. É uma vida que, por meio de receptividade, nos torna responsivos às transmissões do infinito ao indivíduo. É uma vida na qual procuramos a Fonte divina para obter nosso bem, uma vida em que não seremos escravizados por palavras. Com muita freqüencia, uma palavra obtém domínio sobre nós e depois somos vítimas daquela palavra, de palavras como "ele" ou "ela". O demônio geralmente toma a forma de "ele" ou "ela". Na realidade, todo o mal está ligado a essas palavras. Mas o que devemos fazer é olhar além de todo "ele" ou "ela" no mundo e perceber que:

Deus é a fonte de meu bem. Deus é a fonte de meu suprimento. Deus é o cimento de minhas relações.

Em tais momentos, olharemos por cima da cabeça daqueles que são venais em sua conduta, daqueles que são meramente egoístas e daqueles que não são venais nem egoístas, mas são ignorantes, e agradeceremos a Deus o fato de liberdade não ser uma mercê de qualquer deles, de liberdade ser dom de Deus e de ser Deus quem estabelece liberdade na terra, tanto quanto no céu. Então, em lugar de ficarmos zangados com algum "ele" ou "ela", todo sentimento de raiva é dirigido contra nós mesmos por estarmos escravizados pelo "ele" ou "ela".

Se olhamos para amigos, parentes, pacientes ou estudantes, estamos olhando para lugar errado, e um dia ficaremos decepcionados. Mas se conservamos nossa visão acima de suas cabeças, não olhando para "o homem cujo fôlego está no seu nariz"[5], se conservarmos nossa visão voltada para a Fonte divina de nosso ser, então "toda arma forjada contra ti não prosperará"[6]. Podemos partilhar todo "ele" ou "ela", mas que cada um seja livre de fazer seu próprio grau de partilha ou não-partilha. Às vezes,

---

[5] Isaías, 2, 22.
[6] Isaías, 54, 17.

viver dessa maneira faz com que pessoas sejam tiradas de nossa vida. Outras vezes, isso não acontece e elas permanecem conosco. É então que precisamos nos elevar cada vez mais e ser indiferentes á conduta delas. Devemos nos elevar até onde possamos perceber que:

> *Nada disto me move. Eu estou olhando para o Reino dentro de mim, para minha Fonte. Minha unicidade consciente com Deus constitui minha unicidade com todo ser e idéia espirituais.*
>
> *Deus é minha liberdade: Deus é minha vida, a Fonte de tudo quanto sou e posso esperar ser um dia. Isto era verdade antes de eu ter nascido e será verdade após eu ter deixado a visibilidade.*

Só alguns nascem com o instinto espiritual de desejar dar e, como dar não ocorre naturalmente à maioria das pessoas, deve-se ensinar a toda criança não apenas os Dez Mandamentos, mas também que é mais abençoado dar do que receber. Ser obediente aos Dez Mandamentos não é, porém, de maneira alguma viver a vida espiritual. A retidão do estudante espiritual deve ultrapassar aquela dos escribas e dos fariseus. Deve ir além da obediência literal à lei; deve ser uma realização interior.

Viver como hóspede da vida

Uma das mais libertadoras experiências que podem ocorrer a uma pessoa é quando ela apreende o sentido de: "ao Senhor pertence a terra e tudo o que nela se contém".[7] O conhecimento dessa verdade eliminará o equívoco generalizado a respeito da questão de dízimos. Como aqueles que pagam dízimos raramente conhecem falta ou carência, passou-se a acreditar que, se fosse possível ensinar esse princípio às pessoas, elas seriam sempre prósperas. Não é verdade. Pagar dízimos é uma prática que só pode ocorrer quando indivíduos adquirem interiormente a percepção dos grandes dons que receberam de Deus e, por gratidão, decidem partilhar uma parte deles.

---

[7] Salmos, 24, 1.

Esta partilha é feita de agradecimento pela percepção da graça de Deus e por essa razão é que aqueles que pagam dízimos espontaneamente são sempre generosa e abundantemente providos.

Como é tolo acreditar que nós, por nós mesmos, possuímos alguma coisa e que ela é nossa ou mesmo que a ganhamos ou merecemos! Nós somos hóspedes da Vida e a Vida nos provê com todas as coisas necessárias á nossa realização.

A liberdade é nossa por herança espiritual. Assim, liberdade é uma qualidade e atividade dadas a nós como hóspedes da Vida e não precisamos pensar no que comeremos, no que beberemos ou com o que seremos vestidos. Isso não nos coloca na posição de parasitas que tomam tudo, nem concede a uma pessoa o direito de fazer tudo quanto quer. Devemos compreender que com esse privilégio vem também uma grande responsabilidade. Tudo quanto recebemos é para partilhar, não para guardar "onde a traça e a ferrugem corroem"[8]... "De graça recebestes, de graça dai."[9]

Nós somos hóspedes da Vida. Este mundo estava aqui antes de nós nascermos e chegarmos a ele como hóspedes de um mundo que já estava estabelecido. O alimento estava na despensa; as roupas estavam na fábrica. Havia madeira para construir, assim como ferro e aço; e havia diamantes, rubis e pérolas para adorno. Tudo foi posto aqui para nosso uso.

Se pudermos compreender que somos hóspedes da Vida, então não será muito difícil ver a dívida que temos uns para com os outros. Sabemos que, se somos hóspedes na casa de alguém, é esperada de nós retribuição. Nunca teríamos a impressão de que possuímos alguma coisa na casa em que somos hóspedes, mas sabemos que tudo lá está para nosso gozo e uso, sem qualquer consideração monetária. Ao anfitrião, à anfitrioa e aos hóspedes daquela casa deveríamos gratidão, ajuda, cortesia, cooperação e partilha, dando e recebendo alegremente.

Individualmente, devemos chegar à compreensão de que nosso propósito na terra é morar harmoniosamente nesta casa espiritual, neste Reino de Deus que é a terra, conduzindo-nos como hóspedes inteligentes se conduzem. Na medida em que formos capazes de fazer isso, toda nossa atitude em relação aos outros mudará, mas só depois que a Experiência tiver ocorrido interiormente. É como

---

[8] Mateus, 6, 19.
[9] Mateus, 10, 8.

157

um alcoólatra que deseja libertar-se do alcoolismo, mas não consegue fazê-lo até certo momento em que algo ocorre dentro de sua consciência. Depois, de repente, ele se liberta porque não tem poder para ser qualquer outra coisa.

Só uma mudança de consciência pode criar condições melhores

Nós compreendemos que qualidade humana melhorada não produzirá harmonia duradoura, mais do que uma mudança de partido político no poder produz uma mudança radical em nossas condições de vida. Tirar políticos de seus cargos não representa solução. Precisa haver primeiro uma mudança de consciência e, se houver uma mudança de consciência no homem comum, isso modificará a natureza dos políticos. A solução é elevar-se acima da crença em qualidade humana boa e má, até a percepção de identidade espiritual. Teremos então um tipo diferente de candidatos e teremos uma qualidade mais elevada de liderança por causa de nossa percepção interior.

Não é preciso que o mundo inteiro seja transformado. A história do mundo pode ser mudada por "dez homens justos" aqui e acolá. A consciência iluminada de um papa pode mudar a atitude e altitude de grandes segmentos do mundo. Um papa aqui, um bispo acolá, um ministro aqui, um padre acolá, um rabino aqui ou um homem dedicado aos negócios do mundo — todos com uma idéia de liberdade alcançada individualmente por meios espirituais — podem fazer milagres. Assim, não se trata de transformar o mundo todo, mas de trazer à superfície um aqui e um acolá para serem as luzes de suas comunidades. Então esses poucos elevarão outros com eles.

O objetivo primário desse trabalho não é tentar nos melhorar humanamente. Nossa meta é a percepção de Deus e, quando isso for conseguido, nós nos tornaremos automaticamente filhos de Deus, filhos daquela única família espiritual. É a experiência de Deus em nós que nos liberta, mas, quando alcançamos nossa liberdade, esse estado de consciência alcançado abençoa aqueles de nossa família ou comunidade que são receptivos e responsivos, e em certa medida os liberta.

O que você e eu estamos recebendo como benefícios de nosso estudo e prática do Caminho Infinito é muito menos importante do que aquilo que a Mensagem está fazendo no sentido de elevar o mundo inteiro. Deve-se lembrar que não existe Caminho Infinito separado e apartado de sua consciência e da minha. Não existe Caminho Infinito pairando no espaço. Na terra só existe o Caminho Infinito que é ativo na consciência e, a menos que os princípios do Caminho Infinito encontrem atividade e expressão na consciência individual, eles não serão expressados no mundo. Por isso, cada um de nós tem a responsabilidade de viver esses princípios.

Liberdade não é adquirida empenhando-se em luta ou cruzada por ela, mas conservando-a sagrada e secreta dentro de nossa consciência, vivendo-a e concedendo-a a outros, e assim observando-a espalhar-se pelo mundo. Cruzadas não mudam coisa alguma, porque não mudam a consciência do indivíduo. Liberdade espiritual, econômica ou política não é adquirida pelas tentativas exteriores que pessoas fazem para alcançar esses fins. A consciência precisa ser elevada para fora de sua qualidade humana, para fora de sua crença em que autopreservação é a primeira lei da natureza humana, até a idéia do Mestre de amar ao próximo como amamos a nós mesmos. Mais especialmente, é preciso aceitar a revelação de que nenhum homem na terra é nosso Pai. Só existe um Pai e uma grande fraternidade.

Perceba a visão mais larga. Coloque a liberdade do mundo nas mãos do Infinito. Tire-a das mãos do homem e perceba que este mundo não está à mercê de pecado ou estupidez. Se devolvermos a autoridade à Consciência divina, essa liberdade, essa idéia cujo "tempo chegou", expressar-se-á.

Portanto, para que seja alcançada e mantida no mundo, a liberdade precisará ser trazida pela substituição da autopreservação, como guia de conduta, pelo amor a nosso próximo. Isto exige altruísmo. O ser humano mediano vive principalmente para si próprio e sua família. Raramente há qualquer visão mais elevada do que essa. Muito poucos são capazes até mesmo de dar as roupas usadas para os pobres. Quase toda experiência humana é de viver pelo indivíduo e pela família, com apenas um minúsculo fragmento deixado para os outros. Por isso, não tem sentido alguém pensar em termos de liberdade para seu país ou para o mundo, antes que esteja preparado para dedicar-se à tarefa de dar expressão a ela em sua própria experiência.

Devemos chegar ao ponto em que seremos completos em Deus. Como "eu e o Pai somos um"[10], o lugar onde estou é terreno sagrado. Esta é a liberdade espiritual na qual o homem é inteiramente dependente da graça de Deus. Só então ele alcança a liberdade. Ele precisa saber que, mesmo que todo seu bem terreno lhe seja tomado, ainda permanece sobre terreno sagrado e os anos perdidos como cigarra serão restaurados. Olhe para cima da cabeça das pessoas e veja a Graça espiritual que é Onipresença, que é a Fonte de toda harmonia humana.

Tente ver essa tela mais larga de vida, de modo a não medir sua vida espiritual pelo que ela faz a você e aos seus, mas só a você e aos seus. Veja-a agora como a medida de liberdade espiritual que você adquire é a medida de liberdade espiritual que você devolve ao mundo, apressando o dia de liberdade para todos.

Como hóspedes da Vida, nós somos realmente apenas visitantes temporários da terra. Não nos é dado possuir aqui coisa alguma permanentemente, porque nada poderemos levar conosco quando partirmos, exceto os tesouros espirituais que armazenamos. Mas lembre-se que todo tesouro espiritual que levarmos para o plano seguinte de existência é um tesouro espiritual que também deixaremos para trás. Ele não é finito: é a própria Onipresença.

Após termos adquirido a compreenssão de uma verdade espiritual, ela é nossa para toda a eternidade, mas é também uma verdade que ficará para trás na consciência da humanidade a fim de multiplicar-se. Essa é a lei espiritual.

DETRÁS DO PÚLPITO

Quando nos dedicamos pela primeira vez a um estudo espiritual, a maioria de nós pensa em termos do benefício que esperamos receber dele. De uma maneira ou outra, o objetivo da procura de qualquer espécie de ensinamento é o benefício próprio ou qualquer espécie de melhoria própria. Seria muito incomum uma pessoa sair para procurar um ensinamento que beneficiasse o mundo, porque até que a consciência tenha sido espiritualizada os interesses de uma pessoa referem-se principalmente a si mesmo e a sua família.

---

[10] João, 10, 30.

É surpreendente quantas pessoas, ouvindo falar neste trabalho, escrevem e pedem ajuda para um membro de sua família que tem defeito de alguma natureza: físico, mental ou moral. Mas quando lhes é dito que precisa haver alguma cooperação e estudo de sua parte, não se ouve mais falar nelas. Aparentemente, seu interesse não vai sequer além de si próprias e, embora isto não aconteça em todos os casos, a maioria das pessoas está em maior ou menor grau procurando apenas beneficiar a si própria.

Mas isto nunca deverá acontecer com estudantes do Caminho Infinito porque, quase desde o início, como parte da mensagem do Caminho Infinito, os estudantes são ensinados a realizar um trabalho mundial. Como resultado, foram formados em todo o mundo grupos que trabalham secreta e sagradamente para trazer à luz a era espiritual. O proprio fato de termos hoje um Caminho Infinito deve indicar que chegou na terra o tempo para tal transição na consciência, mudança que ocorre quando nossa consciência está aberta puramente para receber a percepção do Cristo, sem qualquer razão para fazê-lo. Enquanto vivemos só pelos Dez Mandamentos e pelo Sermão da Montanha, estamos vivendo ainda pela letra da verdade. Mas podemos sair da letra da verdade a qualquer momento em que nossa meditação não contiver pensamento algum de aperfeiçoamento próprio e melhora própria.

Nos primeiros anos depois de 1900, o sábio da eletricidade, Steinmetz, disse que o segredo do poder espiritual seria revelado neste século. Sua predição está para ser concretizada, porque a idade que se está encerrando não apenas deu ao mundo grandes descobertas e invenções científicas, mas também lhe deu a letra da verdade. A letra da verdade inclui aqueles princípios com os quais a maioria de nós está familiarizada e que estão ocultos nos Dez Mandamentos e no Sermão da Montanha.

Seres humanos são, porém, tão completamente centralizados e circunscritos em si próprios, que honestidade e integridade geralmente não são naturais a eles. Autopreservação, mais que honestidade e integridade, é geralmente aceita como a primeira lei da natureza humana. Considerou-se até mesmo necessário ordenar-nos que amássemos nossos pais e mães — nem mesmo isso é natural aos seres humanos e precisou ser-lhes ensinado.

Existe, porém, uma atitude inteiramente diferente entre aquelas pessoas que seguem o caminho de Cristo na vida. Para elas é normal e natural amar seus próximos como a si próprias, pois elas evoluí-

161

ram para fora do estado de consciência de autopreservação. Chegaram em seu desenvolvimento a um plano que pode ser descrito como consciência de Cristo. Esta é a consciência que normal e naturalmente reza pelo inimigo e perdoa setenta vezes sete. Esta consciência não tem traço de vingança ou punição, de olho por olho e dente por dente.

Se a qualquer tempo recorremos a Deus para satisfazer um desejo, ainda que seja um desejo bom, não espiritualizamos ainda nossa consciência, porque consciência espiritual é uma consciência que não dá poder a coisa alguma ou pessoa alguma. Ela não precisa de um poder de Deus. Isto não significa pôr Deus de lado: significa o reconhecimento de que Deus é; significa um relaxamento completo em Deus.

A consciência que não teme poderes externos é a presença de Deus e o poder de Deus, e isto é poder espiritual. Um relaxamento em relação a poder, ao desejo de poder e à tentativa de entrar em contato com poder deixa-nos em um estado de *é* e isto é poder espiritual *liberado*.

Enquanto houver pessoas combatendo más condições, haverá más condições contra as quais combater, porque a mente que acredita em dois poderes está ainda criando condições de bem e mal. Só quando retirarmos o poder delas, quando deixarmos de combatê-las, esses poderes maus deixarão de existir.

O trabalho mundial a que se dedicam estudantes do Caminho Infinito não consiste em combater pessoas más ou condições más, mas em retirar o poder delas. Assim, os estudantes tornam-se transparências tão claras que o Cristo pode fluir através de sua consciência e dissolver as imagens dos sentidos. Estudantes do Caminho Infinito não rezam pela paz ou por bem temporário. Sua oração pelo mundo é a percepção do não-poder da mente carnal e da natureza de Deus como consciência individual.

Consciência humana universal é que constitui a crença em dois poderes e, assim, cria as condições deste mundo; mas é o reconhecimento pelo indivíduo do não-poder desta mente carnal universal com suas imagens que libera o Cristo na experiência humana. Toda vez que temos uma experiência que prova o não-poder de alguma coisa a que o mundo dá poder, estamos não apenas diminuindo a crença universal, mas estamos tornando possível a alguém, em algum lugar, apanhar o que soltamos na consciência.

Os cinqüenta ou sessenta mil de nós que estão estudando o Caminho Infinito e que estão em algum grau despersonalizando o bem e o mal são responsáveis pelo fato de outros apanharem aquele princípio porque só existe uma Consciência. Este é um princípio de vida ainda não conhecido do mundo em geral, mas compreendido pelos estudantes do Caminho Infinito através do estudo de seus ensinamentos. Os efeitos deste princípio foram sentidos em todos os tempos conhecidos, mas o princípio propriamente dito não havia sido revelado.

O Caminho Infinito é um dos primeiros ensinamentos puramente místicos dos tempos modernos. É consciência iluminada aparecendo em experiência humana como consciência daqueles indivíduos preparados para ela. Mas uma atividade de Deus, a Verdade revelando-Se na consciência humana, não poderia ficar limitada aos poucos que escrevem ou lêem sua mensagem. Na realidade, nós não somos transparências através das quais esta mensagem deve chegar ao mundo inteiro.

Você póde testemunhar que isto é o que está acontecendo. Em toda parte indivíduos estão recebendo essas comunicações e estão sendo escritos livros que transmitem idéias novas para aqueles que não são estudantes do Caminho Infinito. Essas idéias estão agora chegando à consciência humana em base mundial.

O que você lê nos jornais é apenas o produto das influências cármicas de bem e mal de gerações passadas. O que está acontecendo em todos os lugares do mundo tem natureza libertadora e, embora o mundo não tenha conhecimento da significação dos acontecimentos que agora ocorrem, dentro de vinte ou trinta anos ele estará vendo sua significação à medida que pessoas leiam o relato desses acontecimentos nos livros de história.

Existe ampla prova de que o princípio de despersonalização está sendo solto na consciência e, enquanto continuamos a trabalhar, é inevitável que este princípio se mostre em um lugar e depois em outro. O falecido papa João fez inovações que, se compreendidas, espantariam o mundo. São elas uma indicação do grau em que o papa João era responsivo a toda verdade espiritual ativa na consciência. Que isto é verdade torna-se evidente em um trecho de um artigo de jornal escrito por Walter Lippmann:

> Estendendo-se para além do claro e dos fiéis de sua igreja, em direção a todos os homens de boa vontade, inclusive os inimigos de sua igreja, o Papa baseou a argumentação de sua

163

mensagem não na revelação e nos ensinamentos inspirados da igreja, mas *em um princípio filosófico.*

"Nunca se deve", diz o Papa, "confundir erro com uma pessoa que erra... A pessoa que erra é sempre e acima de tudo um ser humano e conserva em todos os casos sua dignidade como pessoa humana e deve ser sempre considerada e tratada de acordo com aquela dignidade.

"Além disso, em todo ser humano existe um necessidade que é congênita em sua natureza e nunca se torna extinta, compelindo-o a irromper através da teia de erro e abrir sua mente ao conhecimento da verdade".

A encíclica do Papa parece ter tido seu tempo fixado após haver sido decidido que "chegou o momento... em que é honroso e útil reiterar a velha filosofia para a idade moderna".[11]

Aqui está o princípio da divindade do homem mesmo quando ele é pecador e aqui está o princípio da despersonalização, que, em meu conhecimento, não foi incorporado em qualquer ensinamento desde o tempo do Mestre. O Mestre usou o princípio de despersonalização em todos os seus ensinamentos quando disse: "Quem me constituiu juiz... entre vós?[12]... Nem eu tão pouco te condeno[13]... Pai, perdoai-os, porque não sabem o que fazem".[14]

É possível ser mera coincidência o fato de a Mensagem de Páscoa do Papa ter sido lançada aproximadamente no mesmo mês em que foi publicada a edição em brochura de *Honest to God* do Bispo Robinson? Será mera coincidência o fato de cura espiritual estar-se tornando um assunto tão importante hoje nas igrejas? Ou tudo isso é resultado do trabalho mundial realizado em um período de anos?

As crianças das gerações futuras provavelmente perguntarão a si mesmas por que poderia alguém ter-se dedicado a uma relíquia da Idade Média como personalização e, surpreendentemente, beneficiar-se-ão sem dúvida mais desse ensinamento do que aquelas da pre-

---

[11]   Reproduzido com permissão do Los Angeles Times Syndicate.
[12]   Lucas, 12, 14.
[13]   João, 8, 11.
[14]   Lucas, 23, 34.

sente geração. Isso porque as gerações futuras nascerão em nível de consciência mais elevado do que aquele em que nós nascemos. Os que nascerem com aquela consciência mais elevada não serão criados, como nós fomos, com a idéia de benefício próprio.

Depois de percebermos que o único poder que existe é o poder de nossa própria consciência, como seria possível temer o que o homem mortal possa nos fazer? Como podemos falar de Onipresença onipotente e, ao mesmo tempo, estar sujeitos a crenças universais?

A única razão pela qual sofremos por alguma coisa é um mau comportamento universal, resultante da mente carnal formada de todas as teorias e crenças de natureza de mental ou material. Todo mal é projeção do não-poder e o grau de percepção desse não-poder é a medida de nosso progresso na consciência espiritual.

Essas verdades estão claramente declaradas nas Escrituras, mas, quando se trata de vivê-las, nós ainda nem sequer começamos a raspar a superfície. O desenvolvimento de consciência espiritual começa quando nos livramos de todos os conceitos de Deus no reconhecimento de que o *Eu* que está procurando Deus é Deus. Então, quando nos sentamos em meditação, não pensamos em qualquer condição do mundo ou qualquer pessoa do mundo e ficamos em estado de receptividade de modo a ouvir a voz baixa e fraca: "Quem me convenceu de pecado? Quem me convenceu de qualquer presença ou poder, além do Um que eu sou?"

Observe que você não tem aquele Um separado e apartado do EU SOU ou então você está fora de foco. Observe que você não tem conceito algum de Deus, porque isso é a projeção de uma imagem e isso é idolatria.

Quanto mais os princípios do Caminho Infinito forem reconhecidos por pessoas fora do Caminho Infinito, mais você saberá que este trabalho está impregnando a consciência humana. Provavelmente todas as pessoas que nas igrejas do mundo inteiro estão dedicadas à atividade de oração rezam pela paz na terra. Mas a paz nunca pode vir à terra enquanto a consciência do homem permanecer o que é hoje. De que adiantará a paz enquanto a consciência permanecer no nível humano? Ela seria apenas um intervalo entre guerras. Primeiro, a consciência do homem precisa mudar.

Por isso, enquanto estamos realizando nosso trabalho mundial, apeguemo-nos a nossos dois maiores princípios: que Deus constitui consciência individual e que mente carnal não é poder, mas é a "arma da carne" ou nada. Então testemunharemos uma mudança na consciência individual e as gerações futuras nascerão naquele estado mais elevado de consciência.

Consciência espiritual é, portanto, uma consciência que não combate o mal, nem acredita que poder espiritual pode ser usado. Reconhece poder espiritual como Graça divina. Pense muito no termo "poder espiritual." e tente obter uma compreensão clara do que ele realmente significa. Lembre-se que não é um poder sobre alguma coisa ou alguém; não é um poder para ser usado. Poder espiritual não é um poder temporal. Poder espiritual é um estado de Graça.

11

Transcendendo a Lei Cármica

Nos escritos do Caminho Infinito, você notará que a atenção é focalizada, não primordialmente em curá-lo ou melhorar sua vida, mas em revelar princípios pelos quais você possa viver melhor e viver mais feliz, referindo-se isso a qualquer "você" que descubra esses princípios, qualquer "você" em qualquer parte do mundo. Durante toda minha vida, minha preocupação foi com princípios, princípios pelos quais homens possam viver alegremente, não apenas aqueles que sigam meu modo de vida, mas todos os homens: homens de todas as raças e religiões, ricos e pobres, letrados e iletrados.

Depois de ter-me dedicado à prática de curar durante cerca de cinco anos, eu tive uma experiência que intensificou minha busca desses princípios. Fiquei muito doente e o praticante que cuidava de mim achou que eu não estava reagindo ao tratamento e provavelmente expiraria naquela noite. Dentro de mim também era particularmente forte o sentimento de que isso aconteceria nas próximas horas. Mas depois, no meio da noite, minha mãe e uma tia favorita, que haviam expirado alguns anos antes, vieram até a beira de minha cama e disseram-me para não temer a transição, que ela seria alegre, mas, como seria um nova experiência para mim, permaneciam ao meu lado para ajudar a facilitar minha passagem.

De repente, eu disse: "Não, Mãe, eu não vou. Até agora eu nada fiz neste mundo para justificar as dores do parto que você sofreu para trazer-me e eu não posso ir sem realizar-me. Na verdade, eu fui o instrumento para a cura dos males de algumas centenas de pessoas, mas mesmo que fossem dez mil ou três milhões, isso não seria realização alguma. Não, eu preciso ficar aqui e descobrir uma razão e um propósito para viver".

Na manhã seguinte, acordei tão melhor que fui capaz de ir a meu escritório. Depois eu descobri por que não me sentia muito alegre pelo fato de algumas centenas de pessoas terem sido curadas e porque, mesmo que dez mil pessoas fossem curadas, isso não me daria satisfação. Nunca estive interessado naquela fase da vida — beneficiando algumas centenas ou alguns milhares de pessoas. A única coisa que pode ser de real benefício para as pessoas deste mundo é aprender princípios pelos quais viver.

Assim foi que, em fins de 1938, a Voz me disse que eu devia descobrir o segredo do Cristo impessoal e da cura impessoal. Em 1941, tendo esse propósito em mente, iniciei uma viagem que deveria durar dois meses, mas durou cinco.

Instrução, não apenas instrução espiritual, mas também intelectual, é relativamente recente. Quando se considera que há alguns milhares de anos não havia sequer um alfabeto e que Gutenberg não inventou seu tipo móvel senão no século XV, pode-se compreender como havia poucas pessoas alfabetizadas naqueles tempos. Os grandes progressos da Ciência são também relativamente recentes. Mesmo o telefone e o rádio apareceram nesta geração e, durante minha vida, eu soube o que era viver em uma casa iluminada por lampião de querosene. Voar é tão recente que eu sou capaz de lembrar quando os irmãos Wright voaram em seu primeiro avião em Kitty Hawk. Mas, embora o mundo tenha feito considerável progresso no sentido da instrução humana, está apenas no limiar da revelação espiritual e da percepção espiritual, nós ainda não chegamos aos vinte e quatro segundos do primeiro vôo dos irmãos Wright.

A lei cármica opera na consciência humana

Uma área em que é necessária maior instrução é a da Lei Cármica. Nas Escrituras Orientais, que são anteriores às Escrituras Cristãs, lei cármica, ou lei de causa e efeito, é um importante ensinamento. Essa lei manteve algumas partes do Oriente em tal esterilidade intelectual e espiritual que até hoje milhões e milhões de pessoas não fazem o menor esforço para melhorar sua situação devido à crença em que é parte de seu carma sofrer nesta vida e possivelmente em muitas vidas futuras, até seu carma realizar-se em sua vida.

A mesma idéia é ensinada pela Escritura Cristã na doutrina de que colhemos aquilo que semeamos. Há milhões de pessoas que sofrem de complexos de culpa por causa de algum pecado de omissão ou ação, pessoas que são incapazes de libertar-se. Muitos resignam-se a pecado, doença, falsos apetites ou morte pela aceitação da lei cármica de causa e efeito.

É verdade que, como ser humano, você não pode escapar da lei cármica. O bem que flui de você é o pão que você lança às águas e é isso que volta a você — com pão, manteiga e todas as outras guloseimas que os acompanham. A ignorância da verdade que você semeia é também o que você colhe. Este é o pão que volta azedo. Não é porque Deus esteja recompensando-o ou punindo-o, pois, quer você acredite ou não, não existe Deus preocupando-Se com você como ser humano.

Um entendimento correto da verdadeira significação da lei cármica revela que Deus nada tem a ver com o bem que acontece a você, nem tem coisa alguma a ver com o mal. Deus não pune e Deus não o recompensa. O que quer que esteja sendo feito a você, é você que o está fazendo. Esta lei sob a qual você está vivendo não é a lei de Deus. É a lei dada por Moisés: "Honra a teu pai e tua mãe... Não matarás... Não adulterarás... Não furtarás.[1] A mim me pertence a vingança; eu retribuirei, diz o Senhor".[2] Essas leis são desejáveis no quadro humano porque, se não houvesse leis governando conduta, os seres humanos atuariam a partir de um ponto de vista de licença e não de liberdade.

Enquanto você estiver vivendo sob a lei, é tolice acreditar que pode escapar à penalidade por sua violação. Enquanto estiver no meio

---

[1] Êxodo, 20, 12-15.
[2] Romanos, 12, 19.

de pensamento material e prazeres materiais, não se surpreenda se colher mal material, assim como bem material.

Em outras palavras, existe no mundo humano uma lei cármica, uma lei de causa e efeito, e se a violar você sofrerá as conseqüências da violação. Infelizmente, há ocasiões em que você não sabe que está violando essa lei. De fato, é possível que você a esteja violando continuamente — ignorantemente, é verdade, mas mesmo assim violando-a e isso o deixa com um sentimento de desesperança.

Mas existe esperança. Sejam quais forem seus pecados de omissão ou ação, seus erros de materialidade ou as leis materiais sob as quais você se criou, tudo isso pode cessar a qualquer segundo por um toque de Graça. Mas depois você precisa não pecar mais. Se voltar ao mesmo estado de consciência que o levou àqueles erros, você trará sobre si os mesmos resultados — apenas sete vezes piores porque agora você sabe.

Nova luz sobre a lei cármica

"Porque o que semeia para a sua própria carne, da carne colherá corrupção"[3] significa que, quando segue um estado materialista de consciência, você colhe materialidade — não necessariamente materialidade má, porque pode ser materialidade boa, mas, seja boa ou má, será materialidade. Não será espiritualidade. Mas quando você semeia para o Espírito, a coisa é completamente diferente. Não está dito que você então colherá o bem; está dito: "O que semeia para o Espírito, do Espírito colherá vida eterna"[4] — eternidade ou imortalidade.

No grau em que você conhece a verdade, a verdade o libertará de sentimento material; mas no grau em que se entregar a sentimento material, mesmo a sentimento material bom, você colherá sentimento material: às vezes bom, às vezes mau. Esta é a lei cármica. Lembre-se, porém, que você estará sob lei cármica só até o tempo em que atingir a percepção da Graça.

Embora o Caminho Infinito lance toda uma nova luz sobre o ensinamento de carma e a lei cármica, poucos estudantes têm perce-

---

[3] Gálatas, 6, 8.
[4] Gálatas, 6, 8.

bido a diferença entre a abordagem tradicional deste assunto e a do Caminho Infinito, o qual ensina que, quando você se eleva acima da consciência humana até a consciência espiritual, não há lei cármica; não há lei de causa e efeito; não há lei segundo a qual você colherá o que semear. Essas são superstições e ilusões da mente humana; são crenças criadas pelo homem.

Durante gerações houve uma crença, quase uma lei, segundo a qual ficar sentado sob uma corrente de ar ou permanecer com os pés molhados causava resfriado. Mas no número de agosto de 1963 do *Reader's Digest* há um artigo escrito pelo dr. Louis Lasagna, professor-adjunto da Escola de Medicina John Hopkins, declarando que ficar sentado sob uma corrente de vento ou permanecer com os pés molhados não é mais reconhecido pela classe médica como causa de resfriado.

Surge então a pergunta: "Jamais alguém apanhou resfriado por ter ficado sentado sob uma corrente de ar ou por permanecer com os pés molhados?" Naturalmente, milhões ficaram resfriados, não por causa da corrente de ar e não por causa dos pés molhados, mas por terem sido criados sob a crença daquela lei. Contudo, hoje ela não é mais reconhecida como lei.

Assim, se *materia medica* pode mudar sua idéia a respeito daquela e de outras leis, os que atuam no mundo metafísico terão de admitir que eles também erraram a respeito de algumas de suas teorias favoritas. Uma área de interpretação errônea foi a da máxima segundo a qual nós colhemos aquilo que semeamos. A lei de colher aquilo que semeamos ou lei cármica só atua no nível humano de consciência. Para a quarta dimensão de consciência, não existe lei cármica.

Todos vocês já viram a lei cármica ser anulada vezes e vezes. Toda vez que uma doença infecciosa ou hereditária foi vencida por tratamento metafísico, a lei de causa e efeito foi anulada e ficou provado que não existe tal lei. Na consciência espiritual não existe lei de doença, nem lei de causa e efeito, nem lei de que colhemos aquilo que semeamos.

Mas, embora em certa medida todos nós estejamos sob a lei cármica, ela não é o fundamental em sua vida ou na minha, porque, na medida em que a Graça nos toca, nós nos libertamos dela. Sofremos menos infecção e contágio, menos depressões e prosperidade, menos mudanças nos sistemas político e econômico. Em certa medida, aqueles de vocês que avançaram no desenvolvimento espiritual até o ponto de ler este livro estão sob Graça, mas, mesmo que não tenham atingido a plenitude de uma vida pela Graça, cada um de vocês deve a esta altura saber como vencer os efeitos da lei cármica.

Se alguém os procura doente por causa da ação de uma lei material de uma ou outra espécie — através de pecado, falsos apetites ou falso desejo — a maioria de vocês sabe que, quando se retira para seu ser interior e toca o Espírito, liberta aquela pessoa, que é então curada de resfriado, tuberculose ou câncer, de alcoolismo, jogo ou toxicomania, ou mesmo de deformidades físicas.

Sofrer é resultado de violação da lei cármica e se, através de seu estado iluminado de consciência, você é capaz de libertar uma pessoa, você anulou a lei cármica. Pela Graça, por ter sido tocado pelo Espírito de Deus, você afastou aquela pessoa da penalidade da lei. Toda vez que você é um instrumento através do qual ocorre uma cura, toda vez que uma pessoa toca sua consciência e consegue alguma medida de liberdade, toda vez que alguém é curado de uma doença da qual sofria pela violação da lei, sua percepção da Graça divina liberta-o dos efeitos da lei cármica. Toda vez que você faz com que o poder de Deus influencie a experiência de alguém que pecou e, no sentido humano, está sofrendo a penalidade, ele é libertado dos efeitos de seus próprios pecados pelo poder da Graça.

A grande sabedoria revelada pelo Caminho Infinito na cura do doente e na reforma do pecador é que, ao lidar com um paciente, você precisa elevar-se muito acima da tentativa de saber se ele está colhendo da carne ou colhendo do Espírito. Na realidade, você precisa deixar seu paciente em paz. Você não pode levá-lo para dentro de seu pensamento. Para você, não deve fazer diferença se está tratando um santo ou um pecador, se está tratando uma pessoa com um resfriado ligeiro ou nos últimos estágios do câncer. Você precisa esquecer tudo isso e, em seu ser interior, elevar-se acima de causa e efeito até alcançar no interior aquele reino de Deus. Então o Cristo toma conta e aquele Espírito de Deus, o mesmo espírito que "ressuscitou a Cristo Jesus dentre os mortos"[5], vivificará seu corpo mortal e o de seu paciente ou seu estudante.

Alguns de nós testemunharam esse poder da Graça em seu trabalho nas prisões. Vimos prisioneiros sendo punidos por coisas pelas quais, humanamente, deviam ser punidos, mas que, quando algum impulso os levou a procurar Deus, foram beneficiados por livramen-

---

[5] Romanos, 8, 11.

to condicional, perdoados ou de alguma outra maneira livrados da sentença que lhes fora imposta. A lei cármica tê-los-ia mantido sujeitos a seus crimes e, de acordo com os padrões de justiça humana, eles teriam cumprido na prisão todo o tempo de sua sentença. Mas não de acordo com a lei divina de perdoar setenta vezes sete, de não-condenação.

É a Graça divina que livra um homem das penalidades que lhe são devidas, as penalidades legais ou físicas em que ele incorreu por suas ações. É através da Graça que essas leis são postas de lado. Pela sua própria experiência e pela experiência dos que o cercam, você sabe que percepção espiritual libertou pessoas que haviam sofrido penalidade por violar leis médicas e talvez houvessem assim contraído pneumonia ou febre. A Graça transcendeu a lei.

Há muitos anos ocorreu-me o desdobramento de que a lei cármica atua na experiência de todo ser humano. Naquele estado humano de consciência que vive sob a lei de causa e efeito, todo movimento que é feito, consciente, inconsciente ou subconsciente, paga seu tributo. Além disso, se uma pessoa mantém outra sujeita à lei cármica, ela própria fica submetida àquela lei e sofrerá a penalidade.

Como sair da lei para a Graça

Quando aqueles necessitados de ajuda o procuram, é fácil ver que a lei de causa e efeito está atuando. Seja qual for o mal ou discórdia, é resultado de uma lei cármica universal. Vem então a sua parte de libertá-los e ser libertado. Embora, como ser humano, você esteja submetido à lei, após reconhecer que só sofre por causa da aceitação universal da lei cármica, você deixa de lado a lei. Como você faz isso? Reconhecendo que a lei de causa e efeito não é poder; só Graça é poder. A lei só atua em crença e uma violação da lei é apenas uma crença.

No momento em que você percebe que vive pela Graça, a tentação de fazer alguma coisa de natureza imprópria — mentir, furtar ou cometer outros crimes — desaparece. Quando você compreende que não vive só de pão, por que furtar pão? Quando você chega à compreensão de que não vive só por dinheiro, por que ser avaro? No momento em que percebe que não obtém satisfação do mundo exterior sob a forma de suprimento, prazer ou companhia, você está sob a Graça e você está livre.

173

Você pode colocar-se sob a Graça neste minuto, se for capaz ou estiver disposto a abandonar o desejo de alguma coisa ou de alguém no mundo, na compreensão de que: "Eu vivo pela Graça, pela graça de Deus, não pela graça de homem". No segundo em que reconhece que não tem necessidades externas, você se eleva acima da lei e se coloca sob a Graça. Isso não significa que você não apreciará companhia quando ela vier; não significa que você não apreciará um lar; não significa que você não terá dinheiro para gastar; significa que você não *precisará* de qualquer dessas coisas porque está vivendo pela Graça. Você talvez pensasse que Graça era uma coisa que ficava esperando que Deus lhe concedesse. Não, você não precisa esperar pela Graça. Você pode sair da sujeição à lei neste minuto. É necessário apenas que abandone seus desejos e estará sob a Graça. Você não precisa esforçar-se física ou mentalmente — simplesmente abandone sua crença em que precisa de alguma coisa, na compreensão de que Deus conhece suas necessidades antes de você, e assim você se coloca sob a Graça. No próprio momento em que sabe que é um com Deus — co-herdeiro com Cristo em Deus, vivendo em sua unicidade com Deus, percebendo que não precisa de coisa alguma ou de pessoa alguma — você está sob a Graça. Apenas não volte a pecar; não volte amanhã ao temor de falta, de pecado, de falso apetite, ou ao medo de doença. Viva na compreensão de que:

Obrigado, Pai, eu não tenho necessidades. Vós conheceis minhas necessidades.

Isso é viver pela Graça. Isso é viver pelo Invisível Infinito. Assim, você saiu da sujeição da lei cármica para a Graça.

Todo paciente que o procura está sujeito à lei cármica e, a fim de libertá-lo, você percebe em seu tratamento que ele não está mais sujeito à lei, mas sob a Graça. Nenhuma lei de causa e efeito atua na Consciência divina — só a lei da Graça divina, na qual o homem não vive só de pão, mas de toda palavra que sai da boca de Deus. Isto você precisa fazer por seus pacientes e estudantes, exatamente como eu faço pelos meus. Você mantém cada um em liberdade espiritual pelo conhecimento de que ele não está sujeito à lei de carma — nem como resultado de encarnações anteriores, encarnações atuais ou encarnações futuras.

O homem mortal precisa ganhar a vida com o suor de seu rosto; o homem espiritual é co-herdeiro com Cristo em Deus de todas as riquezas celestiais. Você é aquele homem espiritual quando o Espí-

174

rito de Deus mora em você, quando chega ao lugar onde reconhece que não vive sob a lei de causa e efeito, a qual não é realmente uma lei. Ela nasce apenas da crença em uma individualidade separada de Deus, resultante de um falso sentimento de eu que se deixa colocar sob a lei. Se acredita que você, que seu pequeno eu, é responsável pelo pagamento do aluguel do próximo mês, você se coloca sob a lei, mas se percebe e reconhece que você e o Pai são um só e que você não vive só da pão, você se coloca sob a Graça.

Sempre que você se torna testemunha de alguma forma de discórdia em uma pessoa, condição, circunstância ou lugar, fique alerta para perceber que isso é lei cármica e que essa lei não é um poder. "Nem a circuncisão, nem a incircuncisão, tem valor algum."[6] A nova criatura não está sujeita ao que faz ou deixa de fazer, mas à Graça de Deus. Quando testemunha qualquer forma de erro, o que você deve fazer é livrar a vítima da lei de carma, livrá-la da lei de causa e efeito, porque ela nunca foi uma lei.

O filho de Deus tem poder para perdoar pecados na terra e você, em sua filiação divina, pode subir e descer por esta terra perdoando pecados e curando doenças. Isso não quer dizer que tudo quanto toca sua consciência responderá a ela porque existem aqueles que se mantêm rigidamente sob a lei e, mesmo que lhes fosse dada a liberdade, apressar-se-iam em voltar a seu anterior estado de servidão.

É possível dar liberdade a pessoas, mas nenhum poder na terra pode fazer com que elas a conservem. Os hebreus precisaram sair e procurar um rei para governá-los. Outros precisam aderir a sociedades ou uniões; e alguns precisam encontrar outras espécies de associações para si próprios porque não são capazes de corresponder às responsabilidades da liberdade. A liberdade não pode ser dada a todos, porque nem todos estão preparados para aceitá-la. Mas pode ser dada a todos espiritual e silenciosamente, e aqueles que estiverem preparados para ela reagirão a ela. Aqueles que não estiverem preparados para ela precisarão continuar como estão por algum tempo, mas não é preocupação sua o que eles fazem; sua preocupação é com o que você faz.

Se mantém alguém sujeito à lei de carma, você também se sujeita. Se o libertar, você se liberta, porque só existe um Eu. O que você faz a outrem volta a você; o pão que você lança às águas volta a você. Você sofre apenas porque se está mantendo sob a lei de causa e efei-

---

[6] Gálatas, 5, 6.

to, mas pode caminhar sobre as águas da vida na compreensão de que, como filho de Deus, não está mais sujeito à lei, mas sob a Graça.

Toda vez que uma discórdia entrar em sua experiência, simplesmente sorria. "Sim, isso é ainda uma parte da lei, mas eu estou sob a Graça e a lei não é um poder. Essa lei não prende o filho de Deus."

Não existe lei cármica, exceto aquela que os homens impõem a si próprios pela aceitação dela. Se ensinar a seus filhos que duas vezes dois é igual a cinco, estou certo de que você poderá fazer com que eles acreditem e sofram para sempre as conseqüências dessa crença — sofram porque foram criados sob uma lei ou crença errônea. A verdade disto foi demonstrada na metafísica nos últimos noventa anos, mas nunca foi revelada desta maneira, uma maneira que liberta todos os homens de tudo em todos os lugares e liberta-os em seu direito inato de Consciência divina, na qual não há leis humanas atuando sobre eles, porque eles são a lei para si próprios. "Eu sou o caminho, a verdade e a vida"[7] — *Eu* sou a lei. Até estar livre em sua verdadeira identidade, haverá leis atuando sobre você; mas elas não serão leis de Deus; serão leis de criação do homem.

Eliminando o sentimento pessoal de "Eu"

O homem fez leis — religiosas, médicas, jurídicas, sociais, comerciais e governamentais — e elas se impuseram a você. Mas ninguém tem o direito de fazer leis para você, nem mesmo Deus. Deus é a lei para Si próprio e para Sua própria vida, vivida como você e eu.

Com o tempo isto o levará ao que é sem dúvida uma das mais profundas revelações do Caminho Infinito. O sentimento pessoal de "EU" precisa ser eliminado de sua vida e, na medida em que conseguir fazer isso, você conhecerá vida bem-sucedida e alegre. A palavra "Eu" precisa desaparecer inteiramente. Você precisa estar disposto a abandonar o sentimento bom, assim como o sentimento mau, de "Eu"; precisa estar disposto a abandonar as recompensas, assim como a punição.

Esta revelação tem sua fonte nas palavras de Cristo Jesus, que as expressou em três passagens: "Por que me perguntas acerca do que

---

[7] João, 14, 6.

é bom? Bom, só existe um, isto é, Deus[8]... O Filho nada pode fazer de si mesmo, senão somente aquilo que vir fazer o Pai[9]... Se eu testemunho a respeito de mim mesmo, o meu testemunho não é verdadeiro[10]... Eu nada posso fazer de mim mesmo[11]... O meu ensino não é meu, e, sim, daquele que me enviou"[12].

Há muitos anos, eu tentei ensinar a nossos estudantes o Caminho do Meio, mas a resistência foi muito forte. Foi em um tempo no qual todos desejavam rezar pela paz, por isso eu disse a eles: "Suponham que vocês saibam que a Rússia vai lançar uma bomba atômica sobre nós hoje à noite. Vocês seriam a favor de nós lançarmos uma primeiro ou deixariam que a Rússia fosse em frente e lançasse uma antes de nós? Não respondam agora. Pensem nisso até amanhã".

Na manhã seguinte, a resposta veio de duas mães, que me mostraram como era impossível para elas aceitar tal ensinamento naquele tempo: "Eu poderia fazer isso por mim, mas não por meus filhos".

Não pode haver paz enquanto há guerra no coração dos homens, enquanto a lei de autopreservação é aceita. Mas, se você for capaz de eliminar a palavra "Eu", nem você nem seus filhos terão vida alguma a perder. Então é a vida de Deus e Deus pode cuidar de Si mesmo. Se você diz: "Deus é minha vida", precisa confiar sua vida a Deus, não ao poder defensivo de uma bomba atômica. Você não precisa erguer suas mãos em defesa de sua vida, mas você não pode também achar que é mais justo ou mais civilizado do que os outros. Você não deve assumir o mérito pelo bem que flui através de você: quer sejam curas, quer seja dedicação a esta mensagem.

Eu estava realizando trabalho de cura havia algum tempo e me encontrei certa noite com um grupo de amigos praticantes. Levantou-se o assunto do amor. Para mim, era um assunto muito estranho. Eu não podia compreender o amor, porque não o sentia. Meus amigos disseram-me: "Nós o consideramos, Joel, uma das pessoas mais amáveis. Você trabalha tanto por seus estudantes e por seus pacientes". Eu era incapaz de compreender isso também, porque certamente não me achava amável. Não podia compreender as palavras "amo", "benevolente" e "espiritual". Certamente não me sentia espiritual e

---

[8]   Mateus, 19, 17.
[9]   João, 5, 19.
[10]   João, 5, 31.
[11]   João, 5, 30.
[12]   João, 7, 16.

nunca me senti espiritual, mas pelo menos agora sei a razão. É porque o "Eu" pessoal em mim "morreu" quando tive minha primeira experiência espiritual.

Certamente este pequeno "Eu" não é amável, benevolente ou espiritual. Todas as qualidades que possam fluir através de mim estão fluindo da Fonte. Nada há de pessoal nelas. É o Cristo vivendo vida individual, a Verdade manifestando-Se e projetando-Se na consciência humana. Deveríamos ser gratos por podermos ser os instrumentos ou avenidas através dos quais é mostrada a glória de Deus. Assim como "os céus proclamam a glória de Deus e o firmamento anuncia as obras de suas mãos"[13], muito mais somos nós a glória de Deus quando o pequeno "Eu" foi superado. Quando o Mestre disse: "Eu venci o mundo"[14], creio que ele quis dizer: "Eu venci 'mim'. O "mim" que pode ser recompensado e o "mim" que pode ser punido — ambos precisam desaparecer.

Você não é capaz de imaginar como parece tola a cena humana quando olhada de uma elevação espiritual para baixo. Por exemplo, nós estamos tentando chegar a um acordo com a Rússia para que não seja lançada uma bomba atômica e uma das maiores objeções a esse acordo é que não estamos certos de poder confiar na Rússia. Contudo, a Rússia nunca lançou uma bomba atômica e nós lançamos — duas vezes. Nós nem sequer dissemos que lamentamos ter lançado, nem dissemos que não lançaríamos outra vez. Assim, aqui estamos nós preocupados com o outro indivíduo — e não olhamos para o espelho. É assim que a cena humana parece porque se baseia na lei de autopreservação. Mas quando "dez homens justos" começarem a eliminar o sentimento pessoal de "Eu", eles saberão que não existe lei cármica e não existe lei de causa e efeito impondo-se ao Cristo, que é o *Eu* do ser deles, assim como do seu e do meu.

Enquanto contempla agora evidências de pecado, doença, falta, morte e desumanidade do homem para com o homem — desde o círculo familiar até o círculo internacional — lembre-se serenamente: "Em *Meu* reino, não existe lei cármica; não existe lei de causa e efeito; não existe lei de que colhemos o que plantamos". Ao fazer isso, você estará anulando a crença humana de que existe uma lei assim e, tal como alguns médicos dizem a seus pacientes que não podem mais apanhar resfriado por ficarem sentados sob uma corrente de ar ou

---

[13] Salmos, 19, 1.
[14] João, 16, 33.

178

por permanecerem com os pés molhados, podemos dizer ao mundo silenciosa e secretamente dentro de nós: "Não existe lei de carma; não existe lei de causa e efeito; não existe lei segundo a qual colhemos aquilo que plantamos. Essa é apenas uma superstição antiga, como o é a superstição de que Deus é um Deus de recompensas e punições. Ela não se impõe ao homem espiritual e não existe outro homem".

Assim como deu ao mundo a reiteração da verdade de que Deus, Espírito, é o único poder, o Caminho Infinito dá ao mundo estes dois princípios, que libertarão o mundo do domínio de uma superstição que ele aceitou como lei. Nós fomos prisioneiros da mente durante gerações e a mente prendeu-nos com leis. Mas só existe uma lei, a lei de Deus ou Espírito. Esta lei liberta do domínio da mente você e todos quantos a aceitam.

Em certo estágio de seu desenvolvimento, você deixa de estar sujeito à lei e fica sob a Graça. Então precisa deixar para trás as coisas que passaram; precisa esquecer os pecados de seu passado e os erros de seus modos antigos, e ser uma nova criatura sob a Graça.

No piscar de um olho, ainda que seus pecados fossem escarlates, você fica branco como neve. Mas não leve sua antiga individualidade com você para lembrar-lhe do passado. Hoje é um novo dia; hoje você é uma nova criatura, nascida de novo, nascida em Cristo, espiritual e imaculadamente concebida, espiritualmente mantida e sustentada.

Meditações de ação de graças

Meditações variam no assunto, na extensão e na profundidade, conforme a ocasião do momento. Meditações nunca devem ser "formalizadas", nem devem seguir um padrão, embora no decorrer de um dia ou de uma semana certos pontos específicos possam voltar para a contemplação e meditação, nem sempre da mesma maneira e nem sempre a meditação terá a mesma duração.

As seguintes meditações são exemplos apenas do que transpirou em minha consciência e representam a contemplação de muitas facetas da vida espiritual. Naturalmente, com isto, eu me refiro a minha própria vida espiritual, pois não posso saber o que transpirou na consciência de outros que viveram a vida contemplativa.

Quando sento em meditação, enquanto nasce o dia, eu reconheço:

Este é Teu dia, o dia que Tu nos deste, e todo momento deste dia está cheio de Teu Espírito, Tua Graça e Teu maná. Eu saúdo este dia com seus trabalhos, mesmo com seus problemas e suas tentações, sabendo que Teu Espírito enche todo momento, sabendo que Teu Espírito enche minha consciência, sabendo que Teu Espírito enche meu corpo. Eu saúdo este dia e toda oportunidade que ele me dá de mostrar Tua glória, Tua presença, Tua graça e Teu maná.

A graça é minha suficiência em todas as coisas, em todo departamento de minha vida. Tua graça é a substância de meu dia. Tu me deste Teu maná, um maná diário, e eu venho a Ti agora buscar meu maná de hoje.

Eu não posso viver só de pão. Preciso ter a Palavra que provém da boca de Deus. "Fala, Senhor, porque o teu servo ouve"[15] Que Tua palavra me seja revelada como maná para hoje, como sabedoria para viver o dia, como orientação, proteção, apoio, suprimento — simplesmente maná para hoje, Tua graça para este momento.

Tu disseste: "Meu filho, tu sempre estás comigo; tudo o que é meu é teu".[16] e eu vim agora receber Tua Graça, Teu maná para hoje, já estabelecido dentro de mim. Eu reconheço que nada posso fazer por mim mesmo, que é Teu Espírito que vai à minha frente para tornar retos os lugares tortos e preparar mansões para mim.

Teu Espírito é minha força; Teu Espírito é minha Graça, minha carne, meu vinho, minha água. O Espírito é meu maná oculto, a comida que eu tenho e que o mundo não sabe. Eu repouso em Teu Espírito; eu trabalho em Teu Espírito; e eu abro minha consciência para que Teu Espírito possa fluir até todos aqueles que tocam minha consciência, para que Teu Espírito possa ser solto no mundo.

Assim como tomo alimento três vezes ao dia, eu também procuro comida espiritual. Coma ou não o alimento que é posto à minha frente, de manhã, à tarde ou à noite, eu não posso viver sem o alimento que é Graça divina.

---

[15] 1º Samuel, 3, 9.
[16] Lucas, 15, 31.

Eu não posso viver sem Teu Espírito, Tua palavra. Eu escuto para ouvir Tua palavra, para receber Tua palavra. Renova-me. Revigora-me. Deixa-me experimentar Teu maná para este momento. Que minhas meditações sejam aceitáveis à Tua vista e que minha consciência seja aberta e receptiva para receber Tua graça. Tua graça é meu suficiente maná neste momento.

A noite não é senão uma continuação do dia; é uma continuação de Tua Graça.

Tu me deste a luz do dia e as trevas da noite, ambas como Graça espiritual contínua. Tu me deste cada momento do dia e cada momento da noite, e os encheste com Tua presença e Tua graça. Este é meu maná suficiente para este momento, o maná que cai em minha consciência.

A palavra de Deus que é recebida em minha consciência é suficiente para todas as minhas necessidades do momento, seja um momento de trabalho, um momento de repouso, um momento de banquete ou de jejum, ou um momento de recreio. Todo momento de todo dia e de toda noite está cheio com suficiência de Tua graça para atender a todas as necessidades, e sempre com aqueles doze cestos cheios deixados para serem partilhados até mesmo com "estes meus pequeninos irmãos"[17].

Quando vou repousar, eu me lembro:

Essa noite passará rapidamente para dia, com Tua graça continuando sempre em todo momento, porque eu recebo Teu maná quando durmo, assim como quando estou desperto. Recebo Teu maná em repouso, no trabalho e no recreio, pois Tua graça é uma experiência contínua e existe esta suficiência de maná para todo momento.

Se, consciente ou inconscientemente, tentação humana tocou-me, ainda assim eu me ofereço como sou; sabendo que Tua graça perdoa e ressuscita em vida nova e Teu maná alimenta aquela vida. Não posso esperar ser melhor do que sou para oferecer-me a Ti e não preciso ser melhor do que sou para receber perdão, Graça, maná. É agora, aqui, exatamente como sou, que me relaxo em Ti e recebo a Ti: Tua palavra, Tua presença.

---

[17] Mateus, 25, 40.

DETRÁS DO PÚLPITO

Você já se defrontou alguma vez com um problema e perguntou a si próprio como resolvê-lo? Naquele momento, você esqueceu que só existe um poder e que seu conhecimento sobre ele torna desnecessário resolver qualquer coisa. Você já foi alguma vez chamado para resolver um problema para alguém e perguntou a si próprio se tinha conhecimento suficiente ou se tinha poder de Deus suficiente? Se assim foi, naquele momento, você revelou que não conhecia a verdade.

Não é seu conhecimento sobre a verdade que resolve problemas ou é poder de Deus: é a compreensão de que Deus é o único poder. Nessa compreensão, não existem problemas a resolver, não existem leis a superar, não existem males a vencer. Tudo isso constitui ilusão dos sentidos.

Se vem lendo os escritos do Caminho Infinito mesmo há pouco tempo, você já sabe que Deus é, que isso é o quanto basta saber, e que, como Deus é infinito, nada pode existir além de Deus. Como Deus é onipresença, não existe outra presença, nem presença de mal ou qualquer coisa de natureza destrutiva. Como Deus é onipotência, não existem poderes do mal em relação aos quais fazer qualquer coisa, nem mesmo maus pensamentos. Como Deus é onisciência, Deus é quem sabe tudo e nada mais existe para você saber, nem existe coisa alguma para você fazer ou a respeito da qual fazer alguma coisa, a não ser repousar na percepção de que Deus é.

Imagina você que tendo pensamento, mesmo pensamento espiritual, vai mudar a harmonia do reino de Deus ou vai destruir um reino místico?

Quando se senta em meditação, oração ou tratamento, você percebe que sua única função é permanecer no *É?* Deus é amor: você não vai fazer Deus amar ou mesmo fazer Deus amável. Deus é vida: você não vai salvar a vida de ninguém ou impedir a morte de ninguém. Você deve conhecer a verdade que liberta. Liberta de quê? Da ignorância e da superstição que acreditam em um poder apartado de Deus. Mas é você que está acreditando em um poder apartado de Deus, se procura Deus por alguma coisa ou por alguém.

São seus períodos de oração ou tratamento uma permanência na quietude, uma permanência na palavra que é Deus, ou você está tentando fazer alguma coisa a alguma coisa? Você está tentando levar Deus a fazer alguma coisa a alguma coisa, a alguém ou por alguém? Ou está permanecendo no *É?*

Deus é, eu sou: isto é o quanto basta saber. Você ainda está temeroso por seu paciente, por seu estudante ou por seu filho? Então trate-se até elevar-se à percepção de que, apesar de todas as aparências de mal na terra, não há nisso mais realidade do que em qualquer ilusão. Assim como há graça de Deus suficiente e maná de Deus suficiente para atender à necessidade de todo momento, seu conhecimento dessa verdade afasta-o de quaisquer dúvidas ou temores e seu paciente ou seu estudante reage instantaneamente a sua percepção de que Deus é.

A graça de Deus não depende de coisa alguma e isso significa que todo estudante está suficientemente adiantado para satisfazer qualquer necessidade, se compreender os princípios do Caminho Infinito, o princípio do que É e o princípio da Graça imediata e da suficiência de maná em todo momento.

Em cada período de meditação, oração ou tratamento, relaxe todos os esforços mentais, porque seus esforços mentais nada podem fazer senão frustrá-lo e atuam como barreiras à percepção da instantaneidade da paz, harmonia e integridade espirituais.

Entre imediatamente em quietude e serenidade, ouvindo a voz baixa e fraca, porque nenhum volume de pensamento vai ser de benefício para quem quer que seja.

NOTA DO HAVAÍ

SETEMBRO DE 1963

Em minhas aulas, falei em misticismo a fim de preparar nossos estudantes para o desdobramento da verdadeira significação e função do Caminho Infinito. Agora, no livro *A Parenthesis in Eternity*,[18] lançado em novembro de 1963, é revelada toda minha vida interior: minha razão de viver e minha missão. A autobiografia de minha vida pessoal seria maçante: dias de escola monótonos, experiência rotineira de negócios e depois, caindo do céu, uma experiência espiritual. Este livro é minha vida espiritual como muitos de vocês a viram de fora, mas aqui explicada por dentro.

---

[18] Do autor (Nova York: Harper and Row, 1963).

12

A Revelação da Filiação Espiritual

Uma das maiores lições a serem aprendidas na mensagem do Caminho Infinito diz respeito ao assunto da oração. É apenas através da oração que se estabelece nosso contato com o reino espiritual — o Reino que está dentro de nós, mas ao qual não temos acesso em nossa experiência humana até aprendermos, de uma maneira ou de outra, como trazê-lo ativamente à nossa experiência.

Muito poucas pessoas questionam hoje realmente a existência de um Deus ou de um reino espiritual, e eu tenho certeza de que a maioria das pessoas que dedicaram algum pensamento a este assunto deve achar que existe uma maneira de trazer o poder desse reino espiritual ao que chamamos nossa experiência humana ou cotidiana.

Em todos os tempos pessoas tentaram alcançar aquele Reino. Tentaram alcançar aquela Presença, que reconhecem como estando além do poder humano, além do alcance da consciência humana. Todas as religiões tiveram isso como meta e essa é a razão pela qual temos tantas formas diferentes de culto e oração, e tantas crenças religiosas diferentes.

Todas essas diferenças de ensinamento religioso não terão sido produzidas pelas malogradas tentativas de estabelecer contato com Deus e trazer seu Espírito à vida cotidiana? As religiões pagãs falharam nessa tentativa e, nos primeiros séculos do movimento judaico, apenas uns poucos dos grandes líderes espirituais foram capazes de estabelecer aquele contato e demonstrá-lo para que seus seguidores pudessem fazer o mesmo. Mas depois o segredo foi perdido. Nos primeiros dias do Cristianismo, porém, algumas luzes espirituais obtiveram união consciente com essa Presença e trouxeram-na para a terra em evidência ativa. Depois, ela foi novamente perdida e, porque foi perdida, nós tivemos muitos séculos na terra sem intervenção divina.

A humanidade está no limiar de uma era espiritual

Já entramos em uma idade na qual está ocorrendo uma reversão e está sendo mais uma vez revelado o segredo do modo e método de estabelecer contato com Deus e os seus frutos. No século passado, houve prova definitiva, não apenas de que existem poderes mentais governando forças físicas, mas de que existem poderes espirituais que governam forças tanto mentais como físicas.

Torna-se também cada vez mais aparente que a procura dessa percepção espiritual é maior do que nunca antes e que toca não apenas círculos religiosos, mas também círculos governamentais, comerciais e industriais. Tudo isto indica que entramos em uma era espiritual, na qual a natureza do poder espiritual começa a ser cada vez mais compreendida e sua demonstração na terra está sendo revelada.

A época do Natal dá-nos uma das melhores oportunidades para testemunhar as mudanças que estão ocorrendo na consciência. Houve um tempo, nos primeiros dias da metafísica, em que a matéria era negada. Depois, com o tempo, chegou a ser percebido que é um engano afirmar que não existe matéria. Mais precisamente, deve-se compreender que a matéria não é o que parece ser.

Hoje aceitamos a verdade da declaração de Paulo: "Acaso não sabeis que o vosso corpo é santuário do Espírito Santo?"[1] Em outras

---

[1] 1ª Coríntios, 6, 19.

palavras, não mais negamos o corpo ou aquilo de que ele é constituído, mas percebemos estar agora provado, mesmo cientificamente, que aquilo que o mundo originariamente acreditava ser uma coisa destrutiva e destrutível chamada matéria é imortal e eterna.

Assim também a superstição e ignorância que outrora levaram à aceitação da Imaculada Conceição e da Natalidade Virgem, como realidade física, foram com o tempo substituídas pela sua negação. Contudo, sem elas não pode haver Natal, como experiência real e viva na Terra. Através de instrução, chegamos oportunamente a ver toda essa idéia em sua perspectiva apropriada e a compreender que imaculada conceição e natalidade virgem são a única verdade real a respeito da humanidade — não apenas a respeito de um indivíduo, mas a respeito de todos os homens.

"A ninguém sobre a terra chameis vosso pai."[2] Esta declaração deve levá-lo a seu primeiro desdobramento sobre a natureza da imaculada conceição. Na verdade, a fim de experimentar isto você precisa elevar-se acima do nível da mente humana e de sua tendência a julgar pelas aparências. Precisa elevar-se acima do que vê, ouve, saboreia, toca ou cheira, até o reino intuitivo, aquele reino no qual você sabe, não por faculdades humanas, mas por discernimento espiritual, isto é, sendo receptivo ao que é revelado.

Um novo conceito de oração

Isto nos leva ao assunto da oração e porque nesta idade a natureza do poder espiritual na terra está mais uma vez a ponto de ser universalmente conhecida e sua disponibilidade revelada.

A maioria das orações do mundo tem sido uma tentativa de esclarecer Deus, dizer, informar ou pedir a Deus, se necessário implorar-Lhe, até mesmo suborná-Lo, para que faça alguma coisa ou seja alguma coisa. A oração tem sido uma atividade da mente humana. Tem consistido em pensamentos e palavras.

Nos primeiros dias de nossa experiência metafísica e espiritual, tentamos trazer a presença e o poder de Deus à cena humana e, de certa maneira, manipulá-los. Às vezes, foi uma tentativa de trazer o

---

[2] Mateus, 23, 9.

Espírito de Deus para a cura do conceito material de corpo ou trazer Deus à terra para impedir guerras ou salvar vidas no meio da guerra. Às vezes procuramos Deus até mesmo para pedir suprimento.

A questão de suprimento exemplifica melhor a natureza da ignorância que alimenta essa tentativa de usar Deus. Antes de tudo, olhe para o mundo e veja se há alguma falta de suprimento, alguma falta de árvores, flores, frutos e vegetais, se há alguma falta de ouro, prata, platina, petróleo ou minerais. Olhe para este mundo e veja se pode descobrir a falta de alguma coisa necessária! Observe a infinita abundância que levou algumas nações a destruir muitos de seus bens. Pense por um momento o que significaria ir a Deus e pedir mais suprimento quando a terra já está cheia de todas as coisas boas!

Agora estamos chegando a uma idade na qual começa a ser universalmente entendido que oração não é um esclarecimento ou influência humana sobre Deus, mas é tornar-nos sujeitos ao poder divino. O mundo está aprendendo muito depressa a compreender que oração em sua forma mais elevada è abrir consciência para receber luz, sabedoria e conhecimento. É a abertura de consciência para que o reino de Deus possa ser estabelecido na terra, como no céu, para que a vontade de Deus possa ser feita conosco, em nós e através de nós. Esta é a oração que permite a uma pessoa admitir humildemente: "Eu nada posso fazer por mim mesmo. Que Tua vontade seja feita em mim e através de mim". Agora não existe mais a tentativa de informar a Deus as necessidades do mundo; existe agora apenas a abertura de consciência para receber a Graça divina que já está presente no interior.

Não é como se Deus fosse um Deus distante; não é como se houvesse um Deus ignorando nossas necessidades. O reino de Deus estando dentro de nós e a natureza de Deus sendo onisciência, toda a sabedoria; onipotência, todo o poder; onipresença, toda a presença, nada temos a fazer no reino da oração, exceto ouvir. Só existe a necessidade de lembrar que Deus não está no furacão; Deus não está na cena exterior; Deus está na voz fraca e baixa. A presença de Deus e o poder de Deus só são percebidos em nossa capacidade de nos abster de todas as tentativas de informar ou influenciar Deus e na proporção de nossa capacidade de ouvir a voz fraca e baixa.

É preciso um período de treinamento para que você possa inverter completamente o conceito mundano de oração e chegar a um lugar onde oração é ouvir e receber a atividade da Graça divina que existe no interior, compreendendo que isso só pode ser feito em silêncio.

187

A Imaculada Conceição

Após adquirir a capacidade de ouvir e receber essa Graça interior, você está, em certo grau, na posse daquela mente que estava também em Cristo Jesus. É neste ponto que você começa a receber instruções quanto à natureza da criação. Quando o fizer, você se encontrará no meio de uma verdadeira experiência de Natal e começará a compreender a natureza da criação do homem e por que o Mestre foi capaz de revelar Deus como o Pai.

Deus é o Pai! A primeira percepção disso, ainda que seja sempre tão pequena, começa a mudar a natureza de sua vida e a natureza de seu corpo. Deus é o Pai; Espírito é o princípio criativo. Isto lhe dá sua primeira luz sobre a significação de imaculada conceição: Deus revelando, mostrando e manifestando-Se como seu e meu ser individual. Isto é conceição completamente separada e apartada de processo físico. É a criação divina, a criação revelada no primeiro capítulo do Gênesis, no qual o homem é feito à imagem e semelhança de Deus, Deus individualmente formado, individualmente revelado, individualmente mostrado, a mente de Deus e a vida de Deus manifestas na terra como forma. Isto é a imaculada conceição e a natalidade virgem.

Nossa percepção da verdade da imaculada conceição talvez tenha sido retardada porque muitos de nós chegaram à revelação mística de vida através das ciências mentais. Nessas ciências mentais, primeiro nos elevamos acima da crença de que o corpo propriamente dito é tudo quanto existe em nós e que ele tem dentro de si as decisões de vida e morte, até a compreensão do governo do corpo através da mente. Isto nos elevou acima do grosseiro materialismo do começo do século XIX e dos séculos anteriores e nos permitiu ver que existe um reino além daquele de matéria e forma, um reino invisível e, contudo, tangível. Por ter sido esse o primeiro passo para muitos de nós, nos acostumamos a pensar em mente e pensamento como poderes, não percebendo que existe um *Eu* usando tanto mente quanto pensamento e que, portanto, deve haver um reino mesmo além daquele da mente.

É aí que estamos agora. Não descartamos corpo, matéria ou mente: simplesmente os relegamos a seu lugar certo como instrumentos do *Eu* que eu sou e subordinados a Ele. Quando compreendemos aquele *Eu*, chegamos ao Ego de nós que é imaculadamente concebido e de natalidade virgem. Mas este *Eu* nunca aparece exceto como identidade espiritual. Aquilo que nós contemplamos é apenas a mente e o corpo, mas o *Eu,* o Ego, a Realidade é o Ego de Deus, o Ser de Deus, o Ser puro. Isto é o que o Natal revela.

Até aqui, foi ensinado que havia apenas um filho de Deus, um indivíduo espiritualmente criado; mas nesta era está sendo revelado que o único Ego que Deus é, você é e eu sou. Agora você começa a perceber que Deus se manifesta como seu ser individual e começa a compreender a natureza imaculada e imortal de seu ser.

O Natal revela ser imortal e indestrutível

Não há meio de experimentar imortalidade exceto através da compreensão de que não existe começo. Só o que não tem começo não tem fim, e isso é a identidade que eu sou e você é. Esta é a revelação natalina do ser imortal que nós somos.

Jesus não reivindicou para si nascimento diferente ou criação diferente, mas falou de "meu Pai e vosso Pai"[3], reconhecendo que Deus era seu Pai e Pai de todos, e portanto todos nós somos um na filiação divina. Disse ele: "Eu e o Pai somos um[4]... Antes que Abraão existisse, eu sou"[5] — antes que o sentimento humano de Abraão aparecesse na terra, EU SOU, e esse EU SOU teve seu começo no começo. *Eu* e o Pai somos indivisíveis, indivisivelmente um; e isto significa seu Pai e meu Pai. Esta é a revelação do Natal: "Eu e o Pai somos um"[6]... E quem me vê a mim, vê aquele que me enviou"[7], e esta é a verdade de seu ser imaculado, sua identidade imaculada concebida.

Depois de compreender que Cristo Jesus não reivindicou uma Individualidade separada e apartada da sua ou da minha, você está vivendo a experiência do Natal e pode discernir a natureza da mensagem de Cristo, a revelação da filiação espiritual. Até com-

---

[3] João, 20, 17.
[4] João, 10, 30.
[5] João, 8, 58.
[6] João, 10, 30.
[7] João, 12, 45.

preender a filiação divina, você não tem verdadeiro Natal e para você o Natal continuará sendo uma festa pagã. Mas quando perceber a divindade de seu ser, a paternidade de Deus e a natureza espiritual do Filho, você entrará na experiência do Natal, você será despertado para a missa de Cristo.

O segredo está na palavra *Eu:* "Eu vim para que tenham vida e a tenham em abundância".[8] *Eu*, este divino Filho, ou Cristo, que é sua Identidade, é a eternidade e a perfeição de seu ser. Sem este *Eu* no centro de seu ser, sem esta divindade como a natureza de seu ser, onde está sua imortalidade, onde está seu governo de Deus?

Individualidade humana "morre" para que Cristo possa nascer

Assim, enquanto permanece cada vez em silêncio e recebe a luz interior, você descobre que Deus plantou paz na terra: abundância, harmonia e saúde. Olhando através dos cinco sentidos físicos, porém, você não percebeu a natureza desse universo espiritual e construiu um universo fora do segundo e terceiro capítulo do Gênesis, uma criação na qual colocou rótulos em tudo e chamou a algumas coisas boas e algumas coisas más. Lembre-se, porém, que enquanto persistir em olhar através da mente humana, você continuará a testemunhar bem e mal, abundância e falta, saúde e doença, vida e morte. Só quando aprender a ficar quieto e ouvir a voz fraca e baixa é que lhe será dada a revelação da natureza espiritual de seu ser. O nascimento de Cristo ocorre então dentro de você e a individualidade humana "morre".

A individualidade humana não pode ser espiritualizada; a individualidade humana não pode receber a graça de Deus porque ela não conhece as coisas de Deus. Para receber as coisas de Deus, é necessário "morrer diariamente". Olhar para o mundo e reconhecer a abundância infinita que existe é realmente "morrer" em certa medida para a crença em abundância e falta, porque é claramente evidente que não existe abundância e falta; só existe abundância. O que o homem fez com essa abundância é, porém, uma história

---

[8] João, 10, 10.

muito diferente, mas a abundância aí está, pronta a surgir em manifestação visível com uma mudança de consciência. Olhe constantemente para este mundo de abundância e notará que parte de você, a parte de você que acreditava em falta, "morreu".

Assim é que, à medida que mais dessa mente que estava em Cristo Jesus se torna sua mente por ouvir, por esta superior experiência de oração, você é capacitado a olhar e discernir que saúde e integridade são a realidade. Em lugar nenhum no reino de Deus existe oposto e só na medida em que é governado e modelado por essa crença em dois poderes é que você experimenta o que se chama mundo humano, o mundo do bem e do mal.

Você "morre" para a crença da mente humana só quando é instruído pela Voz fraca e baixa, pois esta Voz tem oportunidade de revelar-lhe Sua natureza e Sua presença, pois Ela é o Consolador.

Em certa medida, você "morre" para sua qualidade humana por meditar na natureza de seu Pai, que está no céu, seu único Pai, permitindo-lhe assim meditar na natureza de seu Ego, aquele Ego imaculado concebido e espiritualmente produzido, como a qualidade de Cristo de seu ser, aquilo em você que nunca nasceu e nunca morrerá, aquilo que como herdeiro de Deus não vive por força ou poder, nem mesmo por implorar a Deus, mas vive pela Graça. Esta é sua filiação divina, sua vida individual que é vivida pela Graça, em virtude de você ser um herdeiro, não devido ao suor de seu rosto.

Comece a perceber que a razão do Natal é a revelação de seu Ego, de sua filiação divina. O Espírito de Deus que foi tornado manifesto através de Cristo Jesus é prova para todos os tempos da natureza espiritual de sua identidade.

A interpretação espiritual da ação de dar

A prática de dar presentes originou-se quando os magos e todos aqueles que tinham visão espiritual levaram oferendas ao Cristo menino. Hoje é esse mesmo reconhecimento que impele aqueles dotados de visão espiritual a honrar o professor espiritual. Presentes são levados também para aquele professor. Primeiro são levados em agradecimento pelo bem experimentado na vida individual, mas posteriormente esses presentes são levados por outra razão, que é o reconhecimento da revelação da filiação divina.

A quem quer que você leve seu presente, faça com que seja um reconhecimento da identidade de Cristo daquela pessoa. Então ofereça seu presente, não a seu filho, seu pai ou seu amigo, mas ofereça seu presente ao Cristo reconhecendo a identidade de Cristo daqueles a quem você dá presentes. Transforme o sentido comercial do Natal com seus pretensos presentes materiais em uma percepção espiritual do Natal, de modo que todo presente que você dá não seja de natureza material, mas seja uma oferenda à qualidade de Cristo do indivíduo.

"Sempre que o fizeste a um destes meus pequeninos irmãos a mim o fizeste"[9], ao Cristo. Sempre que deu presente ao menor deles, você o deu ao Cristo. Não vê você como pode transformar a natureza de sua relação com outros e, com o tempo, a relação de todos no mundo, pelo reconhecimento dessa relação espiritual?

Paz na terra

Paz na terra não virá pela tomada do poder ou pela posse do poder. Paz na terra virá oportunamente pelo reconhecimento de sua identidade espiritual e da minha. Não existe outro meio.

O Natal é uma revelação de sua filiação divina, da natureza imaculada de seu ser antes que existisse Abraão e até o fim do mundo. Mas o Natal revela a necessidade de compreender a natureza *universal* do ser espiritual, a conceição imaculada de todos os seres, por causa da paternidade do Deus e da fraternidade dos homens.

Isto não pode vir enquanto estivermos pensando em nós mesmos como seres humanos de diferentes raças, religiões e nacionalidades. Isto só pode vir quando "a ninguém sobre a terra chamarmos nosso Pai; porque só um é nosso Pai, aquele que está no céu".[10] Aquele Pai não é protestante, católico, judeu, vedantista ou budista Aquele Pai é Ser divino — assim como você não é cristão, judeu ou budista, mas o filho de Deus, o ser de Cristo, o Ego de Deus revelado.

---

[9] Mateus, 25, 40.
[10] Mateus, 23, 9.

Mensagem de Natal

Muitas e muitas vezes o Cristo apareceu na terra como indivíduo: Lao-tsé, Buda, Shankara, Jesus, João, Paulo, Nanak e muitos outros. Agora chegou o tempo em que o Cristo deve aparecer como todo indivíduo. Esta é a atividade, a função, o propósito e a razão da mensagem do Caminho Infinito.

O Caminho Infinito foi mandado a fim de preparar a consciência do mundo, não para a segunda vinda de Cristo, mas para a primeira vinda, pois o Cristo nunca esteve na terra como consciência universal e o Caminho Infinito está preparando o mundo para a primeira experiência do Cristo como consciência da humanidade.

A mensagem que me foi dada é que o "homem natural", o homem da terra, aquele homem que não recebe as coisas de Deus, deve ser substituído pelo homem que tem seu ser em Cristo, o Filho de Deus. Em todas as classes de 1961 e 1962, o tema foi "Despertando o Filho de Deus em Você", elevando o filho de Deus em Você. Não significa isso um "você" pessoal, mas *você*, a consciência da humanidade.

Tudo quanto o Caminho Infinito realiza com você como pessoa ou com qualquer de nossos professores ou praticantes é apenas acessório da função principal que consiste em revelar a primeira vinda do Cristo como *consciência da humanidade.* Esta será a primeira vez em que tal coisa aconteceu na face do globo e será a última vez, porque o Cristo nunca será perdido depois de estar estabelecido. O Cristo pode ser perdido quando chega à consciência de apenas um indivíduo ou mesmo à consciência de um grupo, porque quando aquele indivíduo ou aquele grupo deixa a terra a consciência parte, mas quando o Cristo chegar à consciência da humanidade, nunca mais estará ausente do mundo.

DETRÁS DO PÚLPITO

Chega à minha mesa muita correspondência remetida por pessoas escrevendo que desejam "resolver coisas espiritualmente" e eu sou muito franco em dizer que não acredito na maioria delas. Muitas escrevem sobre dificuldades que envolvem questões financeiras ou jurídicas, mas dizem que não desejam adotar medidas legais: afirmam que desejam "resolver isso espiritualmente". Na realidade, o que estão fazendo é apenas tentar fugir a uma responsabilidade normal, natural.

Em todos os casos em que há matéria jurídica envolvida na questão de testamento, negócio de imóveis e corretagens ou contratos de direito autoral com um editor — eu cuido deles procurando o melhor conselho jurídico que posso encontrar. Para mim sentimento não desempenha papel algum nisso — só integridade, experiência e capacidade. Se aqueles aos quais eu recorro para obter conselho profissional têm tais qualidades, podem seguir qualquer religião que escolham.

Nós não temos o direito de tomar pessoa alguma em confiança simplesmente porque ela é um estudante do Caminho Infinito, um cientista cristão ou um estudante da Unidade. Ser filiado a qualquer dessas instituições ou, neste sentido, a qualquer grupo religioso não significa necessariamente que a pessoa tenha atingido a consciência do respectivo ensinamento. Mesmo que estudantes tenham freqüentado aulas do Caminho Infinito, isso não significa que tenham alcançado o grau de consciência capaz de garantir sua conduta correta. Por causa da tentação humana, não é fácil para todos conservarem-se imaculadamente limpos em seus negócios com outros.

Ninguém deve escolher um corretor de títulos, um corretor imobiliário ou um advogado por ser ele estudante do Caminho Infinito. Se eu fosse escolher um deles, escolheria pela sua capacidade profissional e integridade. Não me importa se ele é estudante do Caminho Infinito ou ateu. Capacidade e integridade, não religião, seriam os fatores determinados para a contratação de seus serviços. Naturalmente, se há um corretor imobiliário ou um advogado competente à minha disposição e ele por acaso é estudante do Caminho Infinito, eu posso escolhê-lo, mas nunca simplesmente porque está no Caminho Infinito.

Muitas pessoas podem achar errado esse modo de pensar, mas essa é minha maneira de fazer negócios. Estou-lhe dizendo o que acho a respeito destas questões, não apenas por sua causa, mas, mais especialmente, para que você possa transmitir a outros com os quais entre em contato, pois quanto mais tempo você estiver neste trabalho, mais pessoas irão procurá-lo para pedir conselho: conselho sobre hotéis, corretores de títulos, advogados e banqueiros.

Em qualquer de seus negócios, não ache que está tudo garantido, dizendo "Que Deus cuide disso", seguindo assim uma política de deixar correr o barco. Você não deve também aceitar a palavra de

194

uma pessoa em questões de negócio como se fosse a autoridade final e decisiva. Fazer isso é basear-se em coisa tão transitória quanto o capim no campo, hoje aqui e amanhã desaparecido. Use a inteligência que Deus lhe deu no mais alto nível possível e absolutamente não é o que você faz quando diz: "Vou deixar isso a Deus".

Agora, sejamos claros neste ponto: Como estudantes espirituais, nunca devemos fazer coisa alguma sem nos voltarmos para dentro, e depois devemos ouvir, sem fazer jamais um movimento ou qualquer coisa sem orientação interior. Por mais informado e capaz que você seja em qualquer área, volte-se primeiro para dentro e procure aquela orientação interior.

Leve a vida contemplativa, mas ao mesmo tempo tome toda medida humana prática para fazer com que o Verbo se torne carne. Algumas coisas são levadas até a porta de sua casa. Por outro lado, há ocasiões, como no caso de emprego, em que é correto sair para procurar emprego. Essa seria uma atividade correta. Não é que seu bem provenha *dessas* medidas, mas às vezes ele vem *através* delas.

Vivendo a vida dos contemplativos, você descobrirá que está vivendo uma vida sintonizada com um ritmo interior, uma Graça interior. Quanto mais você ouvir e contemplar interiormente, maior proteção e orientação terá no plano externo.

O modo contemplativo de vida é o mais prático de todos, porque volta você para o interior em direção à Fonte. Você pode perder tudo no plano exterior — seu lar, seu negócio ou sua conta bancária — mas se tiver contato interior, com a única Substância real, futuramente todas as perdas se transformarão em lucro. Quando você pratica isso, não demora muito tempo para descobrir a sabedoria que há em fazê-lo.

Numerosas pessoas escrevem-me para dizer como estão muito mais felizes depois que começaram a estudar o Caminho Infinito, embora sua renda não tenha aumentado. Talvez não tenham percebido que as contas do médico são menores, as despesas com diversões diminuíram e o dinheiro gasto com praticante é menor, porque não precisaram recorrer a eles com tanta freqüência. A renda pode não ter aumentado muito, mas há numerosos lugares onde não está sendo gasto dinheiro. O dinheiro atende agora a um propósito mais elevado, porque aquelas pessoas estão estabelecendo contato com a única substância real que existe: Deus.

Qualquer inspiração espiritual que você receba interiormente, adapte-a a sua experiência humana. Essa vida interior manifesta-se

195

acima de todas as coisas em relações humanas e em todos os níveis de vida. Em sua conduta e sua atitude com estranhos e com aqueles mais chegados a você, deve haver a mesma integridade, a mesma tolerância, a mesma paciência e a mesma clemência. Isso em sentido nenhum significa que deixe outros levarem vantagem sobre você. Sua sabedoria interior eliminará rapidamente de você condições como essas.

Quando leva a vida contemplativa, você não vive só para si mesmo. Ainda que vá para uma caverna, multidões o encontrarão e, através de você, encontrarão liberdade. Quando você toca Deus, isso não significa que você ficará sentado nas nuvens. Em certa medida, você será procurado por sua luz, para que outros sejam também liberados.

Como parte do grupo de estudantes do Caminho Infinito, você tem uma responsabilidade. Você será chamado a partilhar sua luz com os outros. Deus não o deixará guardar seus tesouros espirituais só para seu benefício. Daqueles que muito têm, muito será pedido, e quanto mais tesouros você amontoar, mais vezes você será chamado.

Se libertar-se dos problemas do mundo, você terá menos falta, pecado e doença, mas o estranho é que essa liberdade concedida a você não é só para você. Logo alguém virá pedir-lhe ajuda e, se você elevar-se o suficiente, todo o mundo trilhará o caminho até sua porta. Isso eu testemunhei em minha própria experiência e na de estudantes.

Por exemplo, quando eu toco o Reino interior, não pense que Deus diz: "Oh, Joel, *Eu* o ouvi". Não, a libertação é na consciência. Toda liberdade que eu obtive precisa ser partilhada com pessoas em todo o mundo e, por toda medida de liberdade que foi dada a nossos professores do Caminho Infinito, outros também encontraram um grau de liberdade.

Todo ensinamento do Mestre é uma lição sobre como nos colocarmos em unicidade com Deus. Nada do que podemos fazer humanamente influenciará Deus ou aumentará a Graça de Deus para nós, mas, quando entramos na obediência às leis de Deus, podemos nos sintonizar com a lei espiritual.

Através da vida contemplativa, adquirimos percepção muito maior da significação de igualdade; vemos o que o Mestre quis dizer quando falou em um Pai e, em nosso reconhecimento por isso, outros serão libertados.

Existe a história do anjo do Senhor que desceu para ficar ao lado de um homem que tivera uma longa vida de devoção a outras pes-

196

soas e lhe disse: "Deus quer recompensá-lo por toda sua devoção a outros. De que você gostaria?"

Sua resposta foi: "O que eu gostaria acima de tudo é que todos quantos cruzam minha sombra sejam curados de todos os seus problemas, pecados e doenças, e que eu nunca conheça aqueles que atravessaram minha sombra".

E assim como foi curada a mulher que atravessou a multidão e tocou a barra do manto do Mestre, muitas pessoas podem ser curadas de doença e pecado atravessando nossa sombra e, apesar disso, nós não teremos conhecimento de que houve uma cura ou de que somos "espirituais".

Muitos estudantes querem sentir que têm poder espiritual ou que estão abençoando alguém, mas isso é apenas ego. Muitas pessoas desejam também ser "benfeitores" e ajudar a humanidade, mas, quando o pequeno "Eu" intervém e as leva a querer fazer alguma coisa, aquilo não acontece. O sentimento pessoal de "Eu" precisa ser mantido fora. Nós não podemos saber quando o Espírito funciona. Nós somos apenas testemunhas, transparências, painéis de vidro através dos quais o sol brilha.

Em meus trinta e dois anos de prática, nunca tive a impressão de estar curando alguém. Só tomo conhecimento disso quando alguém me diz que foi curado. Pessoalmente, nada tive a ver com sua cura. Eu medito exclusivamente para poder sentir a Graça interior. Isso não impede que em qualquer cura precise haver um indivíduo com uma consciência elevada, porque sem uma pessoa com tal consciência a cura provavelmente não ocorreria. Isso pode parecer uma contradição, mas ainda assim cura é sempre dependente do grau da consciência iluminada de um indivíduo.

O ensinamento do Caminho Infinito é baseado em Deus como consciência individual. Sem uma consciência iluminada, o trabalho não será feito. Os trabalhos são feitos, mas não por você ou por mim como possuidores de poder, porém como uma transparência através da qual o poder pode funcionar.

O ego perde seu sentimento de ser um poder quando é estabelecido contato com a corrente da Vida. Na proporção de sua receptividade, você se beneficiará de seu estudo, mas isso também é uma questão de Graça. Se você passa apenas dez minutos por dia em estudo, esse é provavelmente o limite de sua capacidade. Mas quando há capacidade de expandir, você passará duas horas ou cinco horas. Tudo depende de uma Graça interior.

Depois de ter aprendido os princípios específicos do Caminho Infinito, deixe que eles saiam de sua mente e se afundem em seu coração, e você retirará aquilo que tiver guardado. Em seguida, após ter meditado, faça alguma coisa completamente diferente: vá ao cinema, assista à televisão ou leia um bom livro. Quando você não estiver pensando conscientemente em Deus, no momento em que Ele for necessário, Ele virá. Então, enquanto você vive normalmente, a Graça divina estabelece-Se e Ela fala a você.

NOTAS DO HAVAÍ

OUTUBRO DE 1963

Seria útil para os estudantes do Caminho Infinito compreender a significação dos dias santos de todas as religiões, mas eles devem pelo menos conhecer o sentido esotérico dos principais dias santos da fé cristã. Isso é importante porque nesses dias santos nós devemos conhecer e praticar as orações e meditações que nos sintonizem com a Consciência de onde esses dias santos evoluíram.

Em *The Contemplative Life* [11], há dois capítulos úteis para adquirir uma visão interior de dois dos mais significativos dias especiais para aqueles que seguem o ensinamento de Cristo.

O capítulo sobre "O Natal Espiritual" permitirá aos que sabem discernir entrar no espírito do Natal, o que deve ser realizado antes que possam alcançar a Páscoa de suas vidas, que é explicada em "O Sentido Esotérico da Semana da Páscoa". Este capítulo trata dos dias santos da Páscoa e a compreensão dele mudará a natureza de toda sua experiência e levará a acentuado progresso em oração e meditação.

Eu gostaria de partilhar com você um dos frutíferos princípios espirituais que presenciei em ação. Com isto, sugiro que, não menos

---

[11]   Do autor (Nova York: The Julian Press, 1963).

de duas vezes por dia e possivelmente três vezes, você se retire por alguns momentos para meditar sobre esse princípio. Certifique-se, porém, de que não está meramente repetindo essa idéia com sua mente, usando-a como uma afirmação ou passando pelos movimentos de sua leitura. Você precisa realmente conhecer o princípio que lhe estou revelando.

A Graça de Deus é minha suficiência em todas as coisas. Deus deu-me uma suficiência com a qual atender às minhas necessidades de todos os momentos. Assim como eu só recebo em meus pulmões ar suficiente para a respiração deste segundo e no segundo seguinte recebo ar suficiente para aquele segundo, em todo segundo de minha vida eu recebo do Pai interior Graça suficiente para aquele momento e para o atendimento de todas as necessidades de todos os momentos.

Como Deus não atua no passado, não há meios de Deus dar-me alguma coisa no passado. Como Deus não pode atuar no futuro, Deus não pode dar-me coisa alguma no futuro. Portanto, a atividade da Graça de Deus está em ação em minha consciência agora a fim de prover para este momento determinado e prover abundantemente, com doze cestos cheios restando para partilhar.

Quando me lembro das árvores improdutivas do inverno, é trazido claramente à minha mente que a graça de Deus está funcionando naquelas árvores de modo a atender a todas as exigências de todos os momentos, para que futuramente, na primavera e verão de sua concretização, chegue o dia em que as folhas e os brotos, as flores e os frutos apareçam externamente. Mas, se a graça de Deus não estivesse atuando durante todo o inverno, para prover pelas necessidades de cada segundo, a realização não poderia ter aparecido na primavera e verão.

Assim também, apesar de todas as aparências externas, eu compreendo agora que a Graça de Deus é uma suficiência para toda experiência da vida e desdobramento deste momento. Se volto os olhos para o passado, vejo a penalidade de minha própria crença na ausência de Deus em todas as experiências negativas que me aconteceram. Se olho para o futuro com ansiedade, preocupação ou medo, desonro a Deus e mostro minha ignorância de como Deus atua, porque agora eu aprendi que Deus só pode atuar no agora e que tudo aquilo de Deus que está sendo expressado só pode ser expressado no agora.

Se olho para a luz do sol, percebo que o sol só pode brilhar cada segundo uma vez e que cada segundo ele está realizando sua função como sol. Mesmo se olho para o relógio, ele está marcando apenas este segundo. Nem mesmo o relógio pode atuar no futuro.

Como percebo agora que a graça de Deus está funcionando universalmente na consciência de todo indivíduo, eu percebo mais que a graça de Deus está funcionando neste segundo para atender a toda exigência, toda necessidade e toda alegria deste momento. Eu agora inicio um novo padrão de viver neste momento e de viver cada segundo de cada vez, sabendo que neste segundo a Graça de Deus está em ação na consciência de todo indivíduo em toda parte do globo.